Regina Maaß-Ewertz

Feminismus

Frauen an die Macht?

FSC
www.fsc.org
MIX
Papier aus verantwortungsvollen Quellen
Paper from responsible sources
FSC® C105338

Inhaltsverzeichnis

Vorwort:

Feminismus – Fortschritt oder Fiebertraum?

Feminismus – allein das Wort löst bei vielen entweder zustimmendes Nicken oder dramatisches Augenrollen aus. Je nach Perspektive ist es die größte gesellschaftliche Errungenschaft seit der Erfindung des Rades oder der Grund, warum der Stammtisch von heute vorwiegend aus Männern besteht, die sich über "Quotenfrauen" echauffieren. Doch bevor Sie Ihr Urteil fällen, lassen Sie uns gemeinsam einen Blick auf das werfen, was Feminismus ist, was er sein könnte – und was er manchmal zu werden droht.

Feminismus, ursprünglich eine Bewegung für Gleichberechtigung, hat im Laufe der Jahre so einige Wandlungen durchgemacht. Was einst mit mutigen Frauen begann, die für ihr Wahlrecht, gleiche Bildungschancen und die Möglichkeit, eigenständig ein Bankkonto zu eröffnen, kämpften, ist heute oft ein buntes Potpourri aus Themen, die zwischen ernsthaft und skurril schwanken. Gendergerechte Ampelmännchen? Natürlich wichtig. Aber was ist mit den Ampelfrauen? Und wo bleibt die Ampel für all jene, die sich weder als Mann noch Frau sehen?

In dieser Debatte gibt es viele Wortführerinnen – einige davon gebildet, diplomatisch und voller Empathie. Und dann gibt es jene, die mit erhobenem Zeigefinger durch Talkshows wandeln, Männer pauschal als Unterdrücker brandmarken und zwischendurch noch eine Ode an die toxische Weiblichkeit verfassen. Der Feminismus war schon immer vielseitig, aber Hand aufs Herz: Manchmal wird aus der Idee von Gleichberechtigung ein lauter Wettbewerb, wer den moralisch korrektesten Lifestyle propagiert.

Humor beiseite, natürlich bleibt Feminismus in seinen Grundzügen wichtig. Es gibt weltweit noch immer unzählige Orte, an denen Frauenrechte mit Füßen getreten werden. Aber während in manchen Ländern Mädchen darum kämpfen, überhaupt zur Schule gehen zu dürfen, streiten wir in westlichen Talkshows darüber, ob "Chef*innen" oder "Chefinnen" die politisch korrektere Schreibweise ist.

Und dann ist da die Frage der Quotenfrauen. Ist es wirklich Empowerment, eine Frau in eine Führungsposition zu hieven, nur weil sie auf dem Formular das richtige Kästchen angekreuzt hat? Oder verwandeln wir damit den Feminismus in eine Farce, indem wir Kompetenzen durch eine Checkliste ersetzen? Vielleicht sollten wir fragen, ob es nicht wichtiger ist, *warum* jemand aufsteigt, statt nur *wer*.

Am Ende bleibt eine spannende Frage: Entwickelt sich der Feminismus zu einer ernsthaften Bewegung für Gerechtigkeit – oder sind wir bereits dabei, ihn in eine Form von allgemeiner Hysterie zu verwandeln, bei der es mehr um Lautstärke als um Inhalte geht?

Nun, das werden wir in den kommenden Kapiteln erkunden. Doch bevor wir beginnen: Nehmen Sie sich einen Tee, einen Kaffee oder, wenn nötig, einen Schnaps. Es könnte eine Reise mit einigen Lachern, Kopfschütteln und vielleicht ein paar Erkenntnissen werden.

Viel Spaß beim Lesen – und behalten Sie Ihren Humor!

Feminismus – Von Höhen, Tiefen und einer ordentlichen Portion Chaos

Dieses Buch hat kein Interesse daran, Feminismus auf ein Podest zu heben, ihm Heiligenschein und Flügel zu verleihen und zu rufen: "Hier ist die perfekte Lösung für alle Probleme der Welt!" Stattdessen schaut es genauer hin: auf die Herausforderungen, die Fehler und die Stolpersteine einer Bewegung, die gleichzeitig polarisiert und inspiriert. Denn machen wir uns nichts vor: Feminismus ist nicht der gemütliche Sessel, in den man sich kuschelt, sondern eher der unbequeme Stuhl, der einen zwingt, Haltung zu bewahren – ob man will oder nicht.

Der Feminismus kämpft seit jeher mit dem Spagat zwischen dem Wunsch nach Veränderung und der harten Realität, dass Veränderung verdammt anstrengend ist. Manchmal fühlt es sich an, als ob er mit einer Abrissbirne gegen Betonmauern rennt, während die Zuschauer*innen (keine Sorge, ich werde Sie in diesem Buch nicht weiter mit Gendersternchen belästigen, es sei denn, Sie stehen drauf, gegängelt zu werden) am Rand entweder begeistert jubeln oder entsetzt das Weite suchen. Aber genau das macht ihn aus: seine unbequeme, anstrengende, unperfekte Stärke.

Dieses Vorwort hat keine Mission, Sie zu überzeugen. Es will nicht Ihre Seele bekehren oder Sie dazu bringen, sofort "Feminist*in" in Ihre Instagram-Bio zu schreiben. Vielmehr soll es Sie einladen: Stellen Sie Fragen. Staunen Sie über Erfolge. Schütteln Sie den Kopf über Widersprüche. Und vielleicht, nur vielleicht, sehen Sie am Ende, dass es weniger darum geht, immer alles richtig zu machen, sondern darum, nicht in stiller Akzeptanz zu verharren.

Natürlich hat Feminismus auch seine Macken – wie jede Bewegung, die etwas Großes anstrebt. Linke Ideologien und feministische Träume überschneiden sich oft, und das aus gutem Grund. Beide haben ein gemeinsames Ziel: Die Welt nicht nur zu verwalten, sondern sie grundlegend zu verändern. Dabei wird gern gegen konservative Strukturen getreten, die sie als Stolpersteine auf dem Weg zur Gerechtigkeit betrachten. Doch während sie nach Gleichheit streben, schleicht sich gelegentlich die Frage ein: Werden die Forderungen nach sozialer Gerechtigkeit noch von der Realität getragen oder gleiten sie manchmal ins Absurde ab?

Seien wir ehrlich: Feminismus und linker Aktivismus haben eine Art Hassliebe zu Hierarchien. Beide wollen sie abbauen, aber manchmal scheinen sie dabei neue zu schaffen. Und während sie mit Ernst und Nachdruck für wichtige Anliegen eintreten, ist es schwer, nicht zu schmunzeln, wenn Gendersterne und Intersektionalitätsdebatten plötzlich wichtiger wirken als tatsächliche Veränderungen vor Ort.

Am Ende bleibt die Frage: Ist Feminismus die große Revolution, die unsere Welt braucht – oder entwickelt sich der aktuelle Hype doch eher zu einer kulturellen Hysterie, die mehr Lärm als Fortschritt erzeugt? Wie dem auch sei, ich lade Sie herzlich ein, sich auf diese Reise durch die unbequemen Wahrheiten und spannenden Widersprüche einer Bewegung zu begeben, die trotz aller Kritik unbestreitbar relevant bleibt.

Kollektivistische Ansätze

Linke Ideologien neigen dazu, die Gesellschaft als Kollektiv zu betrachten und gemeinschaftliche Lösungen zu bevorzugen. Feminismus als Bewegung setzt ebenfalls auf kollektives Handeln, um systemische Probleme wie Geschlechterungleichheit zu bekämpfen.

Sowohl linke Ideologien als auch der Feminismus haben eines gemeinsam: einen ausgeprägten Hang zu utopischen Visionen, die bei manchen Begeisterung auslösen und bei anderen ein Stirnrunzeln. Die Linke malt sich eine Welt ohne Klassenunterschiede aus – eine Gesellschaft, in der jeder Mensch gleich viel besitzt und niemand mehr auf Yacht-Urlaube verzichten muss, weil alle schon eine Yacht haben. Der Feminismus wiederum träumt von einer Welt ohne geschlechtsspezifische Unterdrückung, wo Karriereleitern für Frauen genauso stabil sind wie für Männer und nicht plötzlich in luftiger Höhe abbrechen.

Diese Träume ergänzen sich wunderbar: Beide wollen eine gerechtere, schönere, bessere Welt schaffen. Der Weg dahin? Nun, da wird es manchmal etwas holprig. Während die Linke von Umverteilung und Revolution schwärmt, plädiert der Feminismus für strukturelle Veränderungen und gelegentlich auch für einen fetten Schlag mit der Gleichstellungskelle. Es ist wie bei einem chaotischen Teamprojekt: Das Ziel ist klar, aber über den Weg dorthin wird leidenschaftlich gestritten.

Am Ende sind linke Ideologien und feministische Träume wie ein rebellisches Dream-Team: Sie zoffen sich, sie ergänzen sich, und manchmal reißen sie gemeinsam Mauern ein. Ob der Traum wirklich in Erfüllung geht, wird die Zeit zeigen. Aber eines ist sicher: Ohne ein bisschen Träumerei bleibt die Welt nur ein grauer Büroalltag.

Utopische Träume – Oder: Wenn Theorie und Praxis sich zanken

Sowohl linke Ideologien als auch der Feminismus haben eine Vorliebe für große, utopische Visionen. Die Linke träumt von einer Welt ohne Klassenunterschiede, wo der Begriff "soziale Gerechtigkeit" endlich mehr bedeutet als warme Worte in Wahlprogrammen. Der Feminismus wiederum kämpft für eine Welt ohne geschlechtsspezifische Ungleichheiten, in der weder gläserne Decken noch gläserne Böden Frauen in ihrer Entwicklung behindern.

Doch wie bei jeder guten Utopie steckt der Teufel im Detail. Während die Linke manchmal so sehr in Umverteilungsfantasien schwelgt, dass sie den Realitätscheck vergisst, schießt der Feminismus hin und wieder übers Ziel hinaus. Das Ergebnis sind dann Maßnahmen, die mehr gut gemeint als gut gemacht sind – ein Paradebeispiel dafür: die heiß diskutierte "Quotenfrau".

Und was ist mit der "Quotenfrau"?

Ja, sie ist ein kontroverses Thema, und das nicht ohne Grund. Aber Hand aufs Herz: Wer hat in der Schule nicht mal beim Nachbarn abgeschrieben, um das Ziel ein bisschen schneller zu erreichen? Quotenfrauen sind, nüchtern betrachtet, genau das – eine Abkürzung, die Frauen in Machtpositionen bringen soll. Ob das immer der richtige Weg ist, sei dahingestellt.

Denn hier liegt das Problem: Eine Abkürzung mag für den Moment hilfreich sein, aber sie lehrt selten die Fertigkeiten, die für den langen Weg gebraucht werden. Wenn es nur darum geht, Plätze zu füllen, anstatt echte Talente zu fördern, läuft die Maßnahme Gefahr, nicht mehr als ein Feigenblatt zu sein. Schlimmer noch, sie schafft neue Vorurteile, indem Frauen, plötzlich unter Generalverdacht stehen, nur "wegen der Quote" dort zu sein.

Der Nachteil der Quotenfrau liegt also auf der Hand, und genau das wird später im Buch ausführlicher erörtert. Für jetzt genügt es zu sagen, dass Abkürzungen zwar verlockend sein mögen, aber selten der Weg sind, der wirklich langfristig Bestand hat. Denn Kompetenz lässt sich nicht durch Zahlen auf einem Blatt Papier ersetzen – und Machtpositionen sind kein Schulaufsatz, bei dem das Abschreiben reicht, um zu bestehen.

Das Fazit? Die Diskussion um Quotenfrauen bleibt eine Gratwanderung zwischen Notwendigkeit und Risiko – ein heißes Eisen, das wir später noch gründlich anfassen werden.

Früher haben sich raffinierte Frauen zumindest noch die Mühe gemacht, sich hochzuschlafen – heute reicht es, Quotenfrau zu sein. Was ist nun besser? Darüber lässt sich streiten.

Aber Spaß beiseite: Es reicht nicht, einfach eine Quotenregelung zu erfüllen, um in Politik und Wirtschaft wirklich erfolgreich und verantwortungsvoll zu agieren.

Denn eine „Quotenfrau" allein genügt aus mehreren Gründen nicht: Führungspositionen verlangen Fachwissen, strategische Denkfähigkeit und Führungsstärke. Ohne diese Fähigkeiten werden Frauen durch Quoten auf bloße Platzhalter reduziert – ein Rückschlag für Feminismus und Gleichstellung. Der Fokus muss auf der Förderung von Kompetenzen und Karrieren liegen, nicht nur auf Zahlen und Geschlecht.

Wer nur wegen einer Quote in eine Führungsrolle kommt, riskiert, von Kollegen, Untergebenen oder Wählern nicht ernst genommen zu werden. Respekt entsteht durch Leistung, nicht durch Quoten.

Kompetenz und Qualifikation sind entscheidend

Eine verantwortliche Position verlangt Fachwissen, Führungsqualitäten und die Fähigkeit, strategische Entscheidungen zu treffen. Ohne die entsprechenden Fähigkeiten reduziert die Quote Frauen auf reine Platzhalter, was dem Feminismus und der Idee von Gleichstellung langfristig schaden könnte.

Eine echte Veränderung verlangt nicht nur eine höhere Beteiligung von Frauen, sondern auch die Förderung ihrer Kompetenzen und Karrieren.

Respekt und Akzeptanz innerhalb der Organisation

Eine Frau, die ausschließlich aufgrund einer Quote in eine Führungsposition gelangt, läuft Gefahr, nicht ernst genommen zu werden – weder von Kollegen noch von Untergebenen oder Wählern.

Ohne das Vertrauen, dass sie ihre Rolle verdient und fachlich gerechtfertigt ausfüllt, ist es schwer, Führungsverantwortung effektiv wahrzunehmen.

Symbolpolitik statt Strukturwandel

Die Quote allein bekämpft nicht die tieferliegenden Ursachen der Geschlechterungleichheit, wie etwa fehlende Förderung, stereotype Rollenbilder oder ungleiche Bildungs- und Karrieremöglichkeiten. Eine Frau in einer Spitzenposition kann ein wichtiges Signal sein, aber ohne strukturelle Veränderungen bleibt die Maßnahme oberflächlich.

Verantwortung und Wirksamkeit

Eine Führungsposition bedeutet, Verantwortung zu übernehmen, nicht nur für die eigene Karriere, sondern auch für das Unternehmen, die Organisation oder das Land. Frauen in Machtpositionen müssen genauso wie ihre männlichen Kollegen in der Lage sein, Entscheidungen zu treffen, Risiken abzuwägen und Erfolge vorzuweisen. Die bloße Erfüllung einer Quote bietet keine Garantie für die nötige Verantwortung oder Wirksamkeit. Quotenfrauen werden oft als "Token" wahrgenommen – als Symbol für Diversität, ohne dass man ihnen die gleiche Kompetenz zuschreibt wie ihren männlichen Kollegen.

Diese Stigmatisierung kann Frauen in ihrer Position schwächen und sie unter zusätzlichen Druck setzen. Es ist wichtig, dass Frauen ihre Position durch Leistung und Qualifikation stärken können, nicht allein durch eine Regelung. Die Quote kann helfen, ein Ungleichgewicht kurzfristig zu korrigieren, aber sie ist kein langfristiger Ersatz für echte Chancengleichheit. Bildung, Mentoring-Programme, transparente Rekrutierungsprozesse und die Beseitigung von Vorurteilen sind notwendig, um Frauen systematisch zu fördern und zu unterstützen.

Fazit: Die Quote ist wie ein Korkenzieher: ein nützliches Werkzeug, um etwas zu öffnen, aber sie macht den Wein nicht besser. Sie schafft Möglichkeiten und Sichtbarkeit, aber eine Führungsposition erfordert mehr als nur das Erfüllen einer Regelung. Frauen in Machtpositionen brauchen die richtigen Kompetenzen, echte Unterstützung und vor allem Akzeptanz, um Verantwortung zu übernehmen und wirklich etwas zu verändern. Am Ende sollte das Ziel nicht sein, einfach nur die Zahlen schön aussehen zu lassen, sondern eine nachhaltige Gleichstellung zu erreichen – basierend auf Leistung, Respekt und fairen Chancen. Denn Gleichstellung ohne Substanz? Das ist wie ein Sekt ohne Sprudel.

Unterschied zwischen Emanzipation und Feminismus

Der Unterschied zwischen Emanzipation und Feminismus? Stellen Sie sich vor, sie wären zwei Schwestern mit unterschiedlichen Missionen: Die eine, Emanzipation, räumt Hindernisse aus dem Weg und fordert Freiheit und Eigenständigkeit. Die andere, Feminismus, geht einen Schritt weiter, kämpft für strukturelle Veränderungen und soziale Gerechtigkeit. Beide eint das Ziel von Fortschritt und Gleichberechtigung, doch jede bringt ihren eigenen Fokus und Stil mit in den Ring. Gemeinsam sorgen sie dafür, dass wir in Sachen Gleichstellung vorankommen – nur eben auf unterschiedlichen Wegen.

1. Was bedeutet Emanzipation?

Emanzipation stammt vom lateinischen Begriff *"emancipatio"* ab und bedeutet wörtlich „Freilassung" oder „Befreiung". Ursprünglich bezog sich der Begriff auf die rechtliche und soziale Freilassung von Personen, etwa in der Antike bei der Entlassung von Sklaven oder Unmündigen in die Selbstständigkeit.

Heute steht Emanzipation für die **Befreiung von sozialen, kulturellen oder rechtlichen Einschränkungen**, die eine Person oder eine Gruppe daran hindern, ihre Rechte oder ihr volles Potenzial zu verwirklichen.

Ziel: Individuelle und kollektive Selbstbestimmung.

Emanzipation betrifft nicht nur Frauen, sondern jede Gruppe oder Person, die nach Gleichberechtigung und Freiheit strebt, z. B. Arbeiter oder ethnische Minderheiten.

2. Was ist Feminismus?

Feminismus ist eine **soziale, politische und (*intellektuelle) Bewegung**, die sich speziell für die Gleichstellung der Geschlechter und gegen die Diskriminierung von Frauen einsetzt. Der Feminismus betrachtet systematische Ungleichheiten und patriarchale Strukturen als Hindernisse für die Gleichberechtigung.

Ziel: Die Überwindung der gesellschaftlichen, rechtlichen und kulturellen Benachteiligung von Frauen sowie die Schaffung von Chancengleichheit.
Feminismus geht über die persönliche Befreiung hinaus und zielt darauf ab, bestehende Machtstrukturen zu analysieren und zu verändern.

Die Hauptunterschiede auf einen Blick:

Aspekt	Emanzipation	Feminismus
Fokus	Allgemeine Befreiung von Unterdrückung	Spezifisch: Gleichstellung der Geschlechter
Anwendungsbereich	Individuell und universell	Geschlechtergerechtigkeit
Perspektive	Persönliche Freiheit und Autonomie	Politische und gesellschaftliche Veränderungen
Adressat	Alle Gruppen	Frauen und marginalisierte Geschlechter
Ziel	Selbstbestimmung	Veränderung patriarchaler Strukturen

Zusammenfassend:

- **Emanzipation** ist ein breiterer Begriff, der jede Form von Befreiung anspricht, sei es auf individueller oder kollektiver Ebene.
- **Feminismus** ist eine spezialisierte Bewegung innerhalb dieser Idee, die die Gleichstellung der Geschlechter als Ziel hat.

Während also jede feministische Handlung eine Form der Emanzipation sein kann, ist nicht jede emanzipatorische Handlung automatisch feministisch. Beide Konzepte ergänzen sich jedoch und möchten zur Entwicklung einer gerechten Gesellschaft beitragen.

Im Folgenden erkläre ich, warum ich den Begriff „intellektuell" im Zusammenhang mit heutigen Feministinnen mit einer gewissen Skepsis betrachte – und ja, das ist so charmant formuliert, wie es klingen soll.

Der Begriff „intellektuell" hat seine Wurzeln im Lateinischen, wo „intellectus" so viel wie „Verstand" oder „Einsicht" bedeutet. Also, zumindest theoretisch. In der Praxis könnte man meinen, er sei heute zu einem Accessoire geworden, das sich manche wie eine schicke Handtasche umhängen, ohne sich Gedanken über den Inhalt zu machen.

Was bedeutet „intellektuell" wirklich – Bezug auf Verstand?

Im Kern geht es um die Fähigkeit, zu denken – und zwar nicht nur, um passende Zitate für Social-Media-Posts zu finden. Es geht um das Erkennen komplexer Zusammenhänge, logisches Argumentieren und die Anwendung von Wissen. Anders gesagt: Intellektuell zu sein bedeutet mehr, als einfach nur „ein Buch in der Nähe" zu haben.

Man könnte meinen, der Begriff sei ein Kompliment, aber in manchen feministischen Diskursen gleicht er eher einer höflichen Umschreibung für: „Ich bin nicht sicher, ob das Handeln mit der Theorie mithalten kann." Vielleicht liegt es daran, dass „intellektuell" heute oft mit „viel reden, wenig sagen" verwechselt wird.

Natürlich, dies alles ist nur ein kleiner Seitenhieb – oder ist es doch eine komplexe Analyse? Entscheiden Sie selbst. Aber bitte mit „intellectus".

Beispiel:

Eine intellektuelle Diskussion befasst sich mit Themen, die analytisches Denken erfordern.

Ein intellektueller Mensch ist jemand, der gerne über Ideen, Konzepte oder Theorien nachdenkt.

Doch, nicht jeder, der gerne liest, kann automatisch intellektuell denken – sonst wären ja alle, die im Wartezimmer des Arztes mit Zeitschriften blättern, plötzlich Philosophen. Und auch nicht jeder, der Abitur und Studium auf dem Lebenslauf stehen hat, ist intellektuell auf der Höhe. Schließlich hat manch einer das Studium auch nur als Herausforderung genutzt, um sich vor anderen zu profilieren – man muss ja nicht immer alles verstehen, Hauptsache ich bin wer.

Der Begriff „geistig anspruchsvoll" wird oft verwendet, um Dinge zu beschreiben, die mehr Verstand und weniger körperliche oder emotionale Anstrengung erfordern.

„Intellektuelle Arbeit – das ist Forschen, Schreiben, Planen, also Kopfzerbrechen im Gegensatz zu körperlicher Arbeit, die oft unterschätzt wird. Dabei muss ein Handwerker mindestens genauso klug denken wie ein Theoretiker – nur macht er's halt ohne Kaffeetasse in der Hand. Und jetzt stellen Sie sich mal vor, Aliens greifen an, die Menschheit wird halbiert, und wir müssen von vorn anfangen. Wer wird uns retten? Der Handwerker, der ein Haus aus Schutt und Asche baut, oder der Intellektuelle, der über das perfekte Design grübelt, während er sich fragt, wo der Strom für den Laptop herkommt?

„Intellektuell" beschreibt alles, was mit Verstand, Denken und dem geistigen Abtauchen in Wissen und Kultur zu tun hat – also eigentlich das Gegenteil von einem Dauerzustand à la „Ich habe keine Ahnung, aber ich habe eine starke Meinung dazu".

Synonyme:

- Geistig
- Rational
- Denkend
- Analytisch

Die Fähigkeit, eigenständig zu denken und Zusammenhänge zu verstehen, erfordert, dass man sich nicht einfach unkritisch den Vorstellungen anderer anschließt oder gedankenlos deren unlogische Ideologien verbreitet. Und genau hier liegt der Haken: Wenn das Denken so einfach wäre wie das Teilen eines Memes, wären wir alle ein bisschen mehr „intellektuell" – aber leider ist es das nicht.

Und hier beginnt das eigentliche Problem: Wenn sich Menschen für intellektuell halten, es aber gar nicht sind, weil sie wie jeder andere auf Ideologien hereinfallen und – schwupps – ihren eigenen Kopf ausschalten. In seinem Buch *Psychologie der Massen* erklärt Gustave Le Bon anschaulich, wie leicht es ist, Massen zu manipulieren. In der Masse verschwimmen Intelligenz und Hysterie zu einem einheitlichen Brei, in dem jeder glaubt, die Wahrheit gepachtet zu haben – und das Gehirn bleibt zu Hause.

Das führt zu einer wunderbar simplen Erklärung für die hysterischen und hasserfüllten Demos gegen „rechts", bei denen Intellektualität wie eine vergessene Erinnerung wirkt, während der Mob im Gleichschritt unter gleicher Fahne marschiert – hatten wir alles schon.

Da marschieren Omas gegen rechts Seite an Seite mit maskierten Antifas und liefern sich mit Polizisten und Polizistinnen heiße Gefechte – Verstand? Fehlanzeige. Angeführt von Politikern und Politikerinnen, die eigentlich ein besseres Beispiel vorgeben sollten – aber statt Weisheit zu verbreiten, rufen sie lieber zu Hass und Hetze auf, als ob sie das Drehbuch für einen schlechten Thriller schreiben. Oder von Künstlern und Schauspielern, die für Geld plötzlich alles zu machen scheinen – als würden sie in einer Reality-Show leben, in der der Preis für „die richtige Haltung" immer höher wird. Diese vermeintlichen „Vorbilder" scheinen zu vergessen, dass wahre Größe nicht darin besteht, einen Shitstorm zu überstehen, sondern darin, ihn erst gar nicht zu entfachen.

„Gutmenschen" – Die Grünen, Linken und ihre moralische Überlegenheit im Superhelden-Style

Ah, die Grünen und Linken – die selbsternannten Ritter der Gerechtigkeit. Warum halten sie sich ausgerechnet für die „Gutmenschen"? Nun, vielleicht liegt es daran, dass sie sich in ihrem Kampf für das Gute so oft wie Superhelden in Umhängen fühlen. Mit einem grünen Cape gegen den Klimawandel und einem roten Schild für soziale Gerechtigkeit kämpfen sie tapfer an vorderster Front – zumindest in ihren eigenen Fantasien. Sie sind die wahren Helden der Menschheit, die die Welt retten, ein Veggie-Burger nach dem anderen, und gleichzeitig die moralische Überlegenheit mit sich führen, als wäre sie ein neuer Trend.

Aber ehrlich gesagt, der „Gutmensch"-Stempel könnte auch daher kommen, dass sie sich so sicher sind, dass ihre Haltung immer die richtige ist, dass sie vergessen, wie viel Platz für unterschiedliche Meinungen in einer echten Debatte bleibt. Man könnte fast meinen, sie hätten das Handbuch „Wie man der Welt erklärt, was moralisch richtig ist" in der Tasche. Selbstkritik kennen diese Leute nicht. Schuld sind immer die anderen. Aber keine Sorge, wenn ein misslungener Tweet für Ärger sorgt, stürzen sie sich dennoch mit großer Geste in die vermeintliche Selbstreflexion – natürlich nicht ohne den obligatorischen Schuss „Aber eigentlich bin ich hier der Held!" Wirkliche Einsicht? Fehlanzeige. Stattdessen wird die Verantwortung großzügig umverteilt, während sie sich selbst weiterhin ins beste Licht rücken.

Die Geschichte liefert zahlreiche Beispiele dafür, dass linkes Gedankengut gepaart mit starker Ideologie selten wirklich funktioniert hat – vor allem dann nicht, wenn man versucht, anderen Menschen seine Meinung mit Nachdruck aufzuzwingen. Von utopischen Experimenten, die in totalitäre Regimes umschlugen, bis hin zu politischen Bewegungen, die mehr an ideologischen Dogmen als an praktischen Lösungen interessiert waren, zeigt sich immer wieder:

Zwang führt selten zu den gewünschten Ergebnissen. Wo Ideologie und Realität kollidierten, blieb oft nur die Ernüchterung. Denn was passiert, wenn man glaubt, die einzige wahre Wahrheit gepachtet zu haben? Genau, es endet meist in einem mächtigen Chaos, in dem niemand wirklich gewinnen kann.

Was vielen Menschen zu Recht gerade wirklich Sorgenfalten bereitet, ist die Tatsache, dass sich insbesondere Feministinnen aus dem linken Spektrum zunehmend mit extremen Mitteln und Handlungen versuchen, ihre Ideologien durchzusetzen – koste es, was es wolle. Und das geht oft weit über das Ziel hinaus, Gleichberechtigung und soziale Gerechtigkeit zu fördern. Es wird mit einer Emotionslosigkeit und Brutalität vorgegangen, die alles andere als förderlich für den gesellschaftlichen Dialog sind. Denn es geht nicht nur um die Sache selbst, sondern auch um die verheerenden Nebenwirkungen für den Wohlstand und das Leben von Menschen – besonders der älteren Generation, die bei solch radikalen Maßnahmen zu oft unter die Räder kommt. Hier wird mit eiserner Hand und wenig Rücksicht auf die Folgen eine Ideologie durchgeprügelt, die eher den gesellschaftlichen Frieden gefährdet, als ihn zu fördern. Die Frage, die sich aufdrängt, ist: Wie viel Schaden darf für ein ideologisches Ziel eigentlich in Kauf genommen werden?

Da muss man sich wirklich fragen: Wer oder was hat diese wohlstandsverwöhnte Generation eigentlich so verrohen lassen? War es die unaufhörliche Flut von „Du kannst alles erreichen, wenn du nur an dich glaubst"-Ratgebern? Oder doch die Influencer, die uns beibringen, dass das wahre Leben in der perfekten Insta-Story stattfindet? Vielleicht war es aber auch das ununterbrochene Leben im Luxus, das uns glauben ließ, alles müsse immer bequem und „woke" sein. Oder – und jetzt kommt der wahre Knaller – sind unsere Schulen und Universitäten längst von grün-links verpeilten (Leerkörpern) unterwandert, die, anstatt den Kindern Lesen und Schreiben beizubringen, nur noch Ideologie verbreiten? Es scheint, als hätten sich einige Pädagogen eher in die Rolle von Aktivisten als von

Lehrern eingewählt. Denn was braucht man schon in der heutigen Welt? Lesen, Schreiben – und die perfekte Meinung. Vielleicht hilft ja eine Portion „Realitätscheck" – am besten ohne ideologische Filter. Aber keine Sorge, die Hoffnung stirbt zuletzt. Vielleicht kommt der Tag, an dem Vernunft wieder der neueste Trend wird.

Es ist doch wirklich an Lächerlichkeit kaum noch zu überbieten, wenn uns 17-jährige Rotzer, die nicht einmal ihr eigenes Zimmer aufräumen können, ernsthaft den Fleischkonsum verbieten wollen. Diese jungen „Götter des schlechten Geschmacks" haben es plötzlich gepachtet, uns vorzuschreiben, wie wir unsere Ernährung zu gestalten haben – als hätten sie in den letzten wenigen Jahren der Existenz ihre kulinarische Weisheit erlangt. Vielleicht sollten wir ihnen auch gleich die Weltrettung überlassen, schließlich haben sie ja schon die Lösung für den Klimawandel: einfach auf die Straße kleben. Dass sie dabei die hart arbeitende Bevölkerung von ihrer Arbeit abhalten und Krankenfahrzeuge bei ihren Einsätzen behindern, kapiert die Horde nicht. Hauptsache, dabei ist alles, was irgendwie nach Protest aussieht. Und warum überhaupt fahren die Leute zur Arbeit? Wenn wirklich alle genau gar nichts mehr tun würden, hätten wir doch gleich eine Menge CO_2 eingespart. Da kann man nur hoffen, dass diese Erleuchtung bald auch bei den Autobauern ankommt – vielleicht sollte man einfach alle Autos in "Lastenfahrrad" umbenennen, damit der Stau von morgen wenigstens einen guten „grünen" Geschmack hat.

Das Problem ist nur: Wer verdient die Kohle, die diese übereifrigen Jugendlichen so gerne für Blödsinn zum Fenster rauswerfen? Denn es scheint, als würde das Geld für ihre „Weltrettungs"-Proteste irgendwo in der Luft verpuffen – in etwa so, wie der CO_2-Ausstoß, den sie zu verhindern glauben. Wer sorgt eigentlich dafür, dass das tägliche Brot auf den Tisch kommt, wenn keiner mehr arbeitet, weil alle nur noch gegen alles protestieren? Ein bisschen weniger Theorie und ein bisschen mehr Praxis wäre hier wohl nicht nur für die Jugendlichen, sondern für die ganze Gesellschaft ein echter Gewinn.

Und apropos Autos abschaffen – aber sich mit Papas dickem SUV die 10 Meter bis zur Schule kutschieren lassen und keinen gemeinsamen Karibik-Urlaub auslassen…passt doch! Das ist natürlich der wahre Weg zur Nachhaltigkeit: die Welt retten, indem man sich die CO2-Bilanz direkt auf den nächsten Flug bucht. Wo wäre der Spaß, wenn man nicht gleichzeitig „umweltbewusst" sein könnte und dabei das Leben wie ein VIP genießt? Klar, der CO2-Fußabdruck wird nicht kleiner – aber Hauptsache, man kann auf Instagram zeigen, wie man sich die Welt rettet, während man in der ersten Klasse fliegt.

Das beste Beispiel für diese Doppelmoral liefert uns die gute Luisa Neubauer. Klimaaktivistin durch und durch, die anderen das Autofahren und Fliegen verbieten will, während sie selbst von einer Klima-Konferenz zur nächsten mit dem Flieger chattet – natürlich immer schön mit der „Nachhaltigkeit"-Sticker auf der Tasche, als ob das irgendwie die CO2-Emissionen neutralisieren würde. Sie ist wahrlich ein hervorragendes Vorbild für unsere Jugend. Scherz. Denn wenn man den Planeten retten will, sollte man natürlich zuerst einmal dafür sorgen, dass man sich selbst die besten Flugmeilen sichert. Schließlich kann man ja nicht ernsthaft erwarten, dass der Klimawandel mit weniger Klimakonferenzen oder flugfreier Zeit bekämpft wird, oder?

So, nun genug über die grünen Wunderkinder gescherzt. Jetzt kommen wir zum ernsten Teil: Hier einige Beispiele, warum linke Ideologien in der Vergangenheit schon oft in die Hose gegangen sind, obwohl sie doch so „gut" klingen, wenn man sie auf dem Papier liest. Doch leider zeigt die Geschichte, dass das Leben oft etwas komplexer ist als ein paar hübsche Worte auf einem Plakat oder den geistigen Ergüssen einer Ulrike Herrmann – zu der ich später noch komme.

Nachfolgend einige Negativbeispiele:

1. Die Sowjetunion (1917–1991)

- **Hintergrund:** Der Marxismus-Leninismus, der die Grundlage der Sowjetunion bildete, verfolgte die Idee einer klassenlosen Gesellschaft und die Abschaffung des Privateigentums zugunsten einer staatlich geplanten Wirtschaft.
- **Ergebnis:** Die zentralisierte Wirtschaftsplanung führte zu Ineffizienz, Ressourcenverschwendung und einer stagnierenden Wirtschaft. Hinzu kamen autoritäre Herrschaft, politische Repression und Millionen von Todesopfern durch Säuberungen und Hungersnöte.
- **Konsequenzen:** Die Sowjetunion zerfiel 1991, und viele frühere Sowjetstaaten übernahmen marktwirtschaftliche Modelle.

2. Maoistisches China (1949–1976)

- **Hintergrund:** Unter Mao Zedong wurde versucht, durch den „Großen Sprung nach vorn" und die Kulturrevolution eine klassenlose Gesellschaft aufzubauen. Privateigentum und traditionelle Strukturen wurden abgeschafft.
- **Ergebnis:** Der „Große Sprung nach vorn" führte zu katastrophalen Fehlentscheidungen in der Landwirtschaft, was eine der größten Hungersnöte der Geschichte zur Folge hatte (ca. 15–45 Millionen Tote). Die Kulturrevolution zerstörte Bildungseinrichtungen und kulturelles Erbe.
- **Konsequenzen:** Nach Maos Tod wurden viele seiner wirtschaftlichen und sozialen Reformen zurückgenommen.

3. DDR (Deutsche Demokratische Republik, 1949–1990)

- **Hintergrund:** Die DDR war ein sozialistischer Staat, der auf der Grundlage von Planwirtschaft und staatlicher Kontrolle errichtet wurde.
- **Ergebnis:** Die wirtschaftliche Effizienz war gering, es gab Versorgungsengpässe, und die Lebensqualität war im Vergleich zur Bundesrepublik deutlich niedriger. Politische Repression und Überwachung durch die Stasi unterdrückten abweichende Meinungen.
- **Konsequenzen:** Der Zusammenbruch des Ostblocks und die Wiedervereinigung Deutschlands machten das Ende der DDR unvermeidlich.
- In der DDR herrschte mit der **Sozialistischen Einheitspartei Deutschlands (SED)** eine Ein-Parteien-Herrschaft, die den gesamten politischen, wirtschaftlichen und gesellschaftlichen Alltag kontrollierte. Die Partei sorgte durch ideologische Erziehung und umfassende Propaganda dafür, dass bereits Kinder und Jugendliche im Sinne des Sozialismus und der Partei erzogen wurden, oft ohne Raum für kritisches Denken oder alternative Perspektiven. Wer Mitglied der SED war, genoss klare Vorteile, wie besseren Zugang zu Arbeitsplätzen, Wohnungen und anderen Ressourcen, während Andersdenkende systematisch benachteiligt oder verfolgt wurden.

- In der DDR wurden auch Christen systematisch ausgegrenzt und benachteiligt, da der atheistische Staat Religion als widersprüchlich zur sozialistischen Ideologie betrachtete. Besonders in Schulen kam es immer wieder zu Fällen, in denen Kinder aus christlichen Familien vor der versammelten Klasse von Lehrern oder Lehrerinnen bloßgestellt oder lächerlich gemacht wurden. Diese Form der "pädagogischen" Behandlung war alles andere als neutral – sie zielte darauf ab, christliche Überzeugungen zu delegitimieren und die

Kinder in ideologischen Konformismus zu drängen. Es war eine traurige Ironie, dass diese Methoden unter dem Deckmantel der Erziehung und Bildung praktiziert wurden.

4. Venezuela (seit den 2000er Jahren)

- **Hintergrund:** Unter der Führung von Hugo Chávez und später Nicolás Maduro wurde eine sozialistische Wirtschaftspolitik eingeführt, die auf Umverteilung und staatlicher Kontrolle basierte.
- **Ergebnis:** Fehlende Diversifizierung der Wirtschaft, Missmanagement und Korruption führten zu einer schweren Wirtschaftskrise. Hyperinflation, Versorgungsengpässe und Armut verschärften die Lage.
- **Konsequenzen:** Millionen von Menschen flohen aus dem Land, und die politische Stabilität wurde stark beeinträchtigt.

Gemeinsame Faktoren für das Scheitern:

- **Wirtschaftliche Fehlplanung:** Zentralisierte Wirtschaftsmodelle unterschätzen oft die Komplexität von Märkten und führen zu Ineffizienz.
- **Machtmissbrauch:** Autoritäre Strukturen und Unterdrückung von Meinungsfreiheit untergraben die Legitimität und Stabilität solcher Systeme.
- **Fehlende Innovation:** Die Eliminierung des Wettbewerbs hemmt oft Fortschritt und Anpassungsfähigkeit.

Gegenbeispiele:

- Es gibt jedoch linke Ansätze, die in moderaten Formen funktioniert haben, wie etwa die skandinavischen Wohlfahrtsstaaten. Diese Länder kombinieren soziale Sicherheit und Umverteilung mit marktwirtschaftlichen Prinzipien.
- Es ist entscheidend, zwischen radikalen, gescheiterten Experimenten und pragmatischeren Ansätzen zu differenzieren, um ein vollständiges Bild zu erhalten.

Aktuell ist die grüne Politikerin Ulrike Herrmann in zahlreichen Talkshows zu Gast, um ihr Buch *"Das Ende des Kapitalismus"* zu promoten – ein Werk, mit dem sie offenbar gute Einnahmen erzielt. Ein Widerspruch in sich, könnte man meinen. Herrmann verweist auf die dringende Klimakrise und fordert dafür erhebliche Wohlstandseinbußen in Deutschland – einen Wohlstand, der vor allem von den hart arbeitenden Generationen vor ihr aufgebaut wurde. Ihre kontroverse Idee: die Abschaffung der Autoproduktion zugunsten der Herstellung von Kriegswaffen, wobei sie sich auf ein britisches Modell beruft. Die Vorstellung, das Klima durch die Produktion von Kriegsgerät zu retten, wirkt in der Tat paradox.

Die genaue Menge an CO_2, die eine Kriegsrakete in die Atmosphäre abgibt, hängt von verschiedenen Faktoren ab, wie dem Typ der Rakete, ihrem Treibstoff und der Art des Raketenantriebs. Im Allgemeinen können Raketen erhebliche Mengen an CO_2 freisetzen, da viele von ihnen mit Treibstoffen betrieben werden, die fossile Brennstoffe enthalten. Zum Beispiel:

- **Raketen mit Flüssigtreibstoff**: Diese verwenden oft eine Kombination aus Kerosin und flüssigem Sauerstoff, die beim Verbrennen große Mengen CO_2 und andere Treibhausgase freisetzen.

- **Raketen mit Festtreibstoff**: Diese verwenden oft Feststoffe wie Ammoniumperchlorat und Aluminium, die ebenfalls beim Verbrennen Emissionen erzeugen, einschließlich CO_2.

Ein Beispiel ist die bekannte "Minuteman"-Rakete der US-amerikanischen Streitkräfte, die während ihres Starts eine erhebliche Menge an Treibhausgasen abgibt. Der genaue CO_2-Ausstoß hängt vom Treibstoff und dem Raketenmodell ab, aber Schätzungen zeigen, dass der CO_2-Ausstoß einer einzigen Rakete in die Größenordnung von mehreren hundert Tonnen reichen kann.

Ein *Studie* zum Thema hat gezeigt, dass Raketenstarts zwischen 100 und 500 Tonnen CO_2 freisetzen können, abhängig von der Größe und dem Typ der Rakete.

Die Haltung von Ulrike Herrmann und anderen, die ähnliche politische und wirtschaftliche Veränderungen fordern, zielt darauf ab, einen tiefgreifenden gesellschaftlichen Wandel herbeizuführen, der die Wirtschaftsstrukturen und sozialen Systeme transformieren soll. In ihrem Fall geht es dabei primär um eine Umverteilung des Wohlstands und eine starke Reduktion der fossilen Emissionen, die ihrer Meinung nach dringend notwendig sind, um die Klimakrise zu bekämpfen. Sie fordert ein Umdenken und eine radikale Veränderung der Produktionsweise, auch auf Kosten des bestehenden Wohlstandsmodells.

Ob sie dabei die Konsequenzen ihres Vorschlags vollständig überdenkt, ist jedoch eine berechtigte Frage. Kritiker weisen zu Recht darauf hin, dass der Verlust von Wohlstand oft mit sozialen und wirtschaftlichen Härten einhergeht, die die ärmsten Schichten der Gesellschaft besonders hart treffen werden. Armut, hat weitreichende Folgen, einschließlich gesundheitlicher Schäden, sozialer Instabilität und in extremen Fällen sogar Hunger und Tod. In diesem Sinne kann ein zu schnelles oder schlecht geplantes Umstrukturieren der Wirtschaft und des Wohlstandes nur negative soziale

Auswirkungen haben, die möglicherweise die gleichen oder sogar schlimmere Probleme verursachen als die, die man ursprünglich zu bekämpfen versucht.

Ulrike Herrmanns Vorschläge, den Reichtum einfach umzuverteilen und Wohlstand abzuschaffen, um den Klimawandel zu bekämpfen, klingen eher nach einer Mischung aus naivem Wunschdenken und realitätsfernem Sozialismus. Es scheint, als würde sie die langfristigen Konsequenzen ihres Ansatzes vollkommen ausblenden. Der Begriff „intellektuell" setzt nämlich voraus, dass man Zusammenhänge nicht nur erkennt, sondern auch die möglichen Folgen von Handlungen durchdringt – etwas, das in ihrem Vorschlag scheinbar auf der Strecke bleibt.

Denn was passiert, wenn man Wohlstand in der Gesellschaft einfach mal eben abschafft? Wer wird dann noch Innovationen und Lösungen entwickeln, wenn es sich nicht mehr lohnt, sich anzustrengen? Mein Fazit: Nur weil jemand sich selbst als „intellektuell" bezeichnet, bedeutet das noch lange nicht, dass er auch im Einklang mit dieser Verantwortung handelt. Manchmal reicht es eben nicht, den Mund aufzumachen – man sollte auch mal den Kopf einschalten.

Es gibt eine Reihe von seriösen Klimaforschern, die sich kritisch mit den dramatischen Darstellungen des Klimawandels auseinandersetzen und darauf hinweisen, dass Klima- und Naturveränderungen Teil natürlicher Zyklen sind.

Dabei betonen sie, dass es in der Erdgeschichte immer wieder Klimaänderungen und Naturkatastrophen wie Dürren, Hochwasser und Überschwemmungen gegeben hat, ohne dass der Mensch dafür verantwortlich war. Hier sind einige Beispiele dieser Klimaforscher und ihre Thesen:

1. Prof. Dr. Richard Lindzen

- **Hintergrund**: Richard Lindzen ist emeritierter Professor für Meteorologie am Massachusetts Institute of Technology (MIT) und ein prominenter Klimawissenschaftler, der sich kritisch mit der Vorstellung eines menschengemachten Klimawandels auseinandersetzt.
- **Thesen**: Lindzen argumentiert, dass die Klimaerwärmung in der Vergangenheit nicht nur durch menschliche Aktivitäten, sondern auch durch natürliche Faktoren wie die Sonnenaktivität, Vulkanismus und Ozeanströmungen beeinflusst wurde. Er betont, dass Klimamodelle in ihrer Fähigkeit, zukünftige Klimatrends vorherzusagen, unzuverlässig sind. Lindzen ist auch der Meinung, dass das Klima in der geologischen Geschichte der Erde immer Schwankungen unterlag, die weit vor der industriellen Revolution auftraten.
- **Begründung**: Lindzen verweist auf die natürliche Variabilität des Klimas, einschließlich der Perioden der "kleinen Eiszeit" und der Warmzeiten, die Jahrtausende vor der Industrialisierung auftraten.

2. Prof. Dr. Fritz Vahrenholt

- **Hintergrund**: Fritz Vahrenholt ist ein deutscher Chemiker und ehemaliger Manager der Energieindustrie, der auch als Mitbegründer der "Institut für Energie- und Umweltforschung" (IFEU) bekannt ist. In seinem Buch „Die Kalte Sonne" kritisiert er die weit verbreitete Vorstellung eines ausschließlich durch Menschen verursachten Klimawandels.
- **Thesen**: Vahrenholt stellt die Behauptung infrage, dass der Klimawandel primär durch CO_2-Emissionen verursacht wird. Stattdessen betont er, dass natürliche Faktoren wie die Sonnenaktivität einen erheblichen Einfluss auf das Klima haben. Laut Vahrenholt sind die Klimamodelle, die auf den

menschlichen Einfluss fokussiert sind, unzureichend und
unzuverlässig.

-

- **Begründung**: In seinem Buch argumentiert Vahrenholt, dass
das Klima in der Vergangenheit erheblichen Schwankungen
unterlag, die nicht auf menschliches Handeln zurückzuführen waren. Er nennt Beispiele wie das Mittelalterliche Klima-
optimum und die Kleine Eiszeit.

3. Dr. Judith Curry

- **Hintergrund**: Dr. Judith Curry ist eine US-amerikanische
Klimawissenschaftlerin und ehemalige Professorin für Erd-
systemwissenschaften an der Georgia Institute of Technology. Sie hat viele Jahre in der Klimaforschung gearbeitet
und ist eine bekannte Kritikerin des Konsenses über den
menschengemachten Klimawandel.

-

- **Thesen**: Curry weist darauf hin, dass Klima- und Wetterphä-
nomene immer schon natürlichen Schwankungen unterworfen waren und dass die menschliche Verantwortung für den
aktuellen Klimawandel in vielen Fällen überschätzt wird. Sie
betont, dass natürliche Klimaschwankungen wie El Niño,
Vulkanismus und die Sonnenaktivität den aktuellen Klimawandel stark beeinflussen.

-

- **Begründung**: Curry argumentiert, dass Klimamodelle die
Unsicherheit und die Vielzahl an natürlichen Einflüssen auf
das Klima nicht ausreichend berücksichtigen. Sie plädiert für
eine differenziertere Betrachtung der Klimadaten und warnt
davor, die Rolle des Menschen als einzigen Faktor zu über-
bewerten.

4. Dr. Nir Shaviv

- **Hintergrund**: Nir Shaviv ist ein israelischer Astrophysiker und Klimaforscher, der an der Hebräischen Universität in Jerusalem tätig ist. Er ist bekannt für seine Arbeit zur Rolle der kosmischen Strahlung im Klimawandel.
- **Thesen**: Shaviv argumentiert, dass kosmische Strahlung – die durch die Sonne und andere Quellen im Weltraum verursacht wird – einen bedeutenden Einfluss auf das Klima hat. Insbesondere die Wechselwirkungen zwischen der kosmischen Strahlung und der Erdatmosphäre beeinflussen das Klima auf lange Sicht.
- **Begründung**: Shaviv zeigt in seinen Studien, dass es in der Erdgeschichte mehrere Klimazyklen gab, die mit Veränderungen in der kosmischen Strahlung und der Sonnenaktivität zusammenhängen. Er betont, dass der menschliche Einfluss auf das Klima zwar existiert, aber das natürliche Faktoren, wie die Sonne und die kosmische Strahlung, eine viel größere Rolle spielen könnten als bisher angenommen.

5. Prof. Dr. Wolfgang Müller

- **Hintergrund**: Prof. Dr. Wolfgang Müller ist ein Geophysiker und Professor für Erd- und Klimawissenschaften an der Universität Heidelberg. Er ist ebenfalls ein Kritiker der vorherrschenden Klimamodelle.
- **Thesen**: Müller argumentiert, dass der Klimawandel in erster Linie das Ergebnis natürlicher Zyklen ist, wie etwa der Veränderung der Erdumlaufbahn (Milankovitch-Zyklen) oder der Wechselwirkungen zwischen Ozeanen und Atmosphäre. Er hält es für unwahrscheinlich, dass die aktuellen Veränderungen im Klima ausschließlich durch menschliche Aktivitäten verursacht werden.
- **Begründung**: Müller stellt fest, dass die Erde in der Vergangenheit viele klimatische Schwankungen durchlebt hat, die

sowohl kältere als auch wärmere Phasen umfassen. Diese Schwankungen sind auf natürliche Faktoren zurückzuführen, und auch die derzeit beobachtete Erwärmung könnte Teil eines solchen natürlichen Zyklen sein.

Fazit:

Die oben genannten Klimaforscher betonen, dass klimatische Veränderungen und Naturkatastrophen wie Dürren und Hochwasser nicht neu sind und immer schon in der Erdgeschichte auftraten. Ihre Thesen stützen sich auf die Ansicht, dass das Klima von vielen natürlichen Faktoren beeinflusst wird, wie der Sonnenaktivität, der kosmischen Strahlung, Vulkanismus und Ozeanströmungen. Diese Wissenschaftler sind der Meinung, dass der menschliche Einfluss auf das Klima zwar vorhanden ist, aber möglicherweise weniger bedeutsam ist, als allgemein angenommen wird.

Sie kritisieren oft die Überbetonung des CO_2 als alleiniger Hauptursache für den Klimawandel und betonen, dass eine differenzierte Betrachtung aller Faktoren notwendig ist, um die komplexen Zusammenhänge zu verstehen.

Anstatt in Talkshows mit den genannten Experten über den Klimawandel zu diskutieren, wird den Zuschauern die Expertise von Ulrike Herrmann präsentiert – einer Person, deren Lebenslauf keinerlei Anhaltspunkte dafür liefert, dass sie über fundiertes Wissen zu den komplexen Themen verfügt, die sie in ihren Aussagen propagiert.

Ulrike Herrmanns Vorschläge, den Reichtum einfach mal eben umzuverteilen und Wohlstand abzuschaffen, um den Klimawandel zu bekämpfen, sind, gelinde gesagt, mehr als fragwürdig. Die selbsternannte Expertin, die laut Lebenslauf so viel Ahnung vom

Klimawandel hat wie mein Papagei vom Tapezieren, präsentiert uns Lösungen, die mit der Realität so wenig zu tun haben wie ihre vermeintliche Expertise mit der Praxis. Laut ihrer Biografie war sie Bankkauffrau, hat Geschichte und Philosophie studiert, und sich danach als wissenschaftliche Mitarbeiterin bei der Körber-Stiftung und als Pressesprecherin der Hamburger Gleichstellungssenatorin Krista Sager verdingt – was sie ehrlich gesagt nicht gerade zu einem Klima-Genie macht. Und heute? Genießen sie ihre freie Zeit, während sie mit wachsender Begeisterung und noch größerer Redseligkeit die Welt mit ihrer Expertise beglückt.

Was dabei jedoch auffällt: Sie spricht gerne über den Klimawandel, ohne wirklich zu verstehen, wie wirtschaftliche Realitäten und Wohlstand sich mit solchen radikalen Forderungen vertragen sollen. Denn ganz ehrlich, wer soll die nötigen Innovationen und Lösungen liefern, wenn Wohlstand und Anreize abgeschafft werden?

Mein Fazit: Nicht jeder, der sich als „intellektuell" bezeichnet, handelt tatsächlich im Einklang mit dieser Verantwortung. Aber hey, solange der Papagei nicht mit ihr diskutiert, wird wohl niemand auf die Idee kommen, das Ganze mal zu hinterfragen, oder?

Ein weiteres Beispiel ist, Alena Buyx, ihresgleichen Feministin mit Auszeichnungen. Ihr Lebenslauf wirft in gewisser Weise auch Fragen auf. Während der Coronakrise war sie als Mitglied des Ethikrates aktiv und setzte sich gegen die Verbreitung von Corona-Leugnung ein. Ab 2024 scheint sich ihre berufliche Ausrichtung jedoch schlagartig verändert zu haben. Sie ist nun in gleich vier verschiedenen Vorständen tätig, die sich aber alle dem Kampf gegen Rechtsextremismus, Desinformation und Fake News widmen.

Alena Buyx, die während der Corona Krise eine wichtige Rolle im Ethikrat gespielt hat, will nicht über die RKI-Files sprechen. Eine offene und transparente Auseinandersetzung mit Fehlern und ein Bekenntnis zu etwaigen Falschaussagen oder unzureichender

Kommunikation wären sicherlich ein Zeichen von Verantwortung und Stärke. Das Ausweichen und das Weitergehen zur nächsten Tagesordnung ohne Auseinandersetzung mit den eigenen Fehlern ist ein Zeichen von Schwäche. Es zeigt, dass man sich der Verantwortung entziehen will.

Stattdessen wird der Fokus schnell auf den Kampf gegen rechts gelenkt – möglicherweise, um von den eigenen Verfehlungen abzulenken? Oder steckt auch bei der Person Alena Buyx eine ganz andere Agenda dahinter, als man uns einreden will? *Also, ich weiß nicht, wie es Ihnen geht, aber bei mir hinterlässt dieser plötzliche Richtungswechsel, wenn der politische Wind sich dreht ein übles Geschmäckle.*

Die Frage drängt sich auf, wofür Alena Buyx während der Coronakrise tatsächlich einen Verdienstorden erhalten hat – war es für ihre wissenschaftliche Arbeit oder für die strikte Umsetzung von Maßnahmen, die vielen als Einschränkungen empfunden wurden? Hat ihr Engagement in der Krise tatsächlich zu einer Verbesserung der Situation beigetragen, oder war es eher eine Frage von Gängelungen und Einschränkungen, die bei vielen auf Widerstand stießen? Diese Überlegungen werfen einen kritischen Blick auf die Anerkennung, die sie erhalten hat.

Buyx' Rolle während der Pandemie

Zu Beginn der Pandemie zeichnete sich ihre Kommunikation durch differenzierte Antworten aus, insbesondere in der Debatte über die Impfung. Ihre Formulierungen, oft begleitet von einem „Aber", könnten darauf hingedeutet haben, dass sie im Grunde auch nichts wusste.

Später, als sie stärker mit der Bundesregierung kooperierte und daran verdiente, wandte sich Buyx auch gegen Corona-Leugner und Querdenker. Sie verteidigte die Maßnahmen der Regierung und betonte die Bedeutung des gesellschaftlichen Zusammenhalts. Kritiker warfen ihr zu Recht vor, sie habe den Dialog, den sie zuvor immer selbst gefordert hatte, in diesem Kontext plötzlich vergessen.

Nach der Pandemie: Neue Schwerpunkte und Kontroversen

Nach der Pandemie verlagerte Buyx ihren Fokus plötzlich auf den Kampf gegen rechts. Ihre Kritik an der AfD, die ihren Höhepunkt in einer Ketzerischen Rede fand, ließ einem das Blut in den Adern gefrieren.

Mit dieser Rede gegen eine demokratisch gewählte Partei überschritt sie die Grenzen des angemessenen Diskurses, insbesondere in ihrer Position als Präsidentin des Ethikrats.

Eine solche Position erfordert, eine größtmögliche Neutralität und den Versuch, Dialog, statt Polarisierung zu fördern. Doch Buyx verfehlte damit den Anspruch, was Fragen aufwirft, ob und inwiefern persönliche Überzeugungen mit ihrer Rolle als Ethikerin vereinbar sind.

Ist es Machtstreben, das durch ein Gefühl moralischer Überlegenheit befeuert wird? Oder handelt es sich, einfach gesagt, um pure Arroganz? Diese Fragen stellen sich zwangsläufig, wenn man die öffentliche Wahrnehmung von Alena Buyx und ihrer Rolle betrachtet. Doch es wäre zu einfach, vorschnelle Urteile zu fällen. Mein Anliegen ist nicht, zu verurteilen, sondern den Leserinnen und Lesern einen Anstoß zu geben, selbst nachzudenken und eigene Schlüsse zu ziehen.

Die Aufgabe der Ethik im politischen Raum

Gerade Ethik als Disziplin ist in ihrem Kern darauf ausgerichtet, moralische und gesellschaftliche Konflikte auf einer reflektierten Ebene zu analysieren und Lösungsansätze zu fördern, die auf Konsens und Verständigung basieren. Wenn jedoch moralische Urteile dazu führen, bestimmte Gruppen oder Meinungen kategorisch auszugrenzen, stellt sich die Frage, ob dies noch im Sinne eines ethischen Diskurses geschieht oder ob die Grenzen zur politischen Positionierung überschritten werden.

Kritik und die Frage der Neutralität

Buyx' Rede mag bei ihren Unterstützern auf Zustimmung gestoßen sein, da sie klare Kante gegen Extremismus und menschenfeindliche Ideologien zeigte. Doch Kritiker sehen in ihrem Vorgehen eine Vermischung von Ethik und politischem Aktivismus, die der Neutralität und Glaubwürdigkeit ihrer Position als Ethikratspräsidentin geschadet hat.

Eine Ethikerin, die sich so vehement gegen eine demokratisch gewählte Partei stellt, erweckt den Eindruck, sie wolle nicht den ethischen Diskurs fördern, sondern eine bestimmte politische Agenda vorantreiben. Solche Bedenken werfen ein Schlaglicht auf die grundsätzliche Frage: Wie politisch darf oder sollte Ethik sein?

Die Frage sollte durchaus erlaubt sein: Welchen Nutzen hat eine Alena Buyx eigentlich? Was bringt eine Person wie sie in einer Position wie der des Ethikrats tatsächlich für die Gesellschaft? Diese Überlegung ist weder respektlos noch polemisch, sondern eine notwendige Reflexion über die Bedeutung und Wirksamkeit öffentlicher Rollen und deren Träger.

Der Anspruch an Alena Buyx

Als Präsidentin des Deutschen Ethikrats war es Buyx' Aufgabe, in Krisenzeiten Orientierung zu bieten, ethische Grundsätze zu wahren und den Dialog zu fördern. Doch in einer polarisierten Gesellschaft und während einer beispiellosen Krise wie der Corona-Pandemie bleibt die Frage offen, ob sie diese Ansprüche vollständig erfüllt hat. Wurden ihre Stellungnahmen und Empfehlungen als echte

Hilfestellung empfunden? Oder sahen viele in ihnen lediglich akademische Betrachtungen, die wenig zum Verständnis oder zur Lösung der drängendsten Fragen beitrugen?

Konkreter Nutzen oder akademische Debatten?

Es stellt sich die Frage, ob Ethik in dieser Form tatsächlich greifbaren Nutzen für die Menschen hat. Kritikern zufolge hätten klare und umsetzbare Antworten auf gesellschaftliche Konflikte die Debatte besser vorangebracht als mitunter komplexe und abstrakte Abwägungen.

Insbesondere die wechselnde Gewichtung von Themen – von Pandemiefragen hin zum Kampf gegen rechts – mag den Eindruck erweckt haben, dass Buyx' Arbeit weniger darauf abzielt, universelle ethische Prinzipien zu vertreten, als vielmehr aktuellen politischen Strömungen hinter herzuschwimmen. Wobei wir damit jetzt wieder beim Thema „intellektuell" wären – also dort, wo man mit ernster Miene über Prinzipien diskutiert, die morgen schon wieder anders sein könnten. Vielleicht liegt darin ja die wahre Kunst: immer im Trend, aber mit akademischem Understatement!

Die Frage nach dem Nutzen von Alena Buyx ist letztlich auch die Frage nach dem Nutzen solcher Positionen insgesamt. Was erwarten wir eigentlich von Ethik? Soll sie greifbare Lösungen für gesellschaftliche Probleme liefern – oder reicht es, ein paar kluge Denkanstöße in die Runde zu werfen, die dann wie ein sprichwörtliches Fähnchen im Wind verwehen? Diese Debatte bleibt offen, aber sie könnte kaum dringlicher sein, besonders in Zeiten, in denen Yuval Noah Harari fragt: „Wohin mit den vielen nutzlosen Menschen, wenn alle durch KI ersetzt werden?" Vielleicht ist Ethik ja genau das, was uns davor bewahrt, im nächsten KI-optimierten Hamsterrad zu landen. Oder – und hier wird's spannend – braucht es vielleicht bald Ethikräte für Maschinen, weil der Mensch seine

Daseinsberechtigung an Algorithmen abgetreten hat? Na, wenn das kein Stoff für Diskussionen ist!

Die Lehren für Ethik in der Öffentlichkeit

Der Fall Alena Buyx verdeutlicht, wie schwierig es ist, in einer polarisierten Gesellschaft eine ethische Position einzunehmen, die sowohl Prinzipien treu bleibt als auch als Brücke zwischen den verschiedenen Lagern dient. Ob sie ihre Berufung verfehlt hat oder lediglich eine klare Haltung bezogen hat, wird letztlich von der Perspektive des Betrachters abhängen. Entscheidend bleibt jedoch die Reflexion darüber, wie Ethik in einem pluralistischen, demokratischen System gestaltet sein sollte: als Raum für Verständigung oder als Bühne für moralische Urteile.

Was bedeutet Ethik in einem politischen Kontext?

Der Begriff „Ethik" im Zusammenhang

Ethik ist die philosophische Disziplin, die sich mit den Prinzipien des richtigen Handelns und den moralischen Werten in menschlichen Gesellschaften befasst. Sie analysiert, was als gut oder schlecht, gerecht oder ungerecht angesehen wird, und versucht, Orientierung in komplexen moralischen Fragestellungen zu bieten. Im Falle von Alena Buyx stellt sich die Frage, ob ihre Äußerungen und Handlungen stets diesem Ideal entsprachen oder ob politische und persönliche Überzeugungen ihr Wirken beeinflussten. Die Kontroverse um Buyx zeigt die Herausforderungen, die Ethikerinnen in einer polarisierten Gesellschaft meistern müssen: den Balanceakt zwischen wissenschaftlicher Neutralität, persönlicher Überzeugung und öffentlicher Verantwortung. Letztlich bleibt es Aufgabe der Gesellschaft, die Rolle von Ethik in politischen und gesellschaftlichen Entscheidungsprozessen zu hinterfragen und zu definieren.

Viel mehr gibt es über die Person Alena Buyx nicht zu sagen.

Eine Anmerkung sei jedoch gestattet: Wer sich ihre oft nichtsagenden Reden und Interviews aufmerksam anhört, könnte schnell den Verdacht hegen, dass hier eine weitere linke Feministin mit einem akademischen Titel präsentiert wird, deren Beitrag für die Gesellschaft fraglich bleibt. Die Darstellung von Buyx als besonders clever und erfolgreich könnte somit eher ein Ergebnis geschickter Inszenierung sein, als dass sie tatsächlich einen nachhaltigen Nutzen für den Erhalt der Menschheit bietet.

Die Debatte um Hass gegen weiße Männer im Kontext linker Feministinnen

In der heutigen gesellschaftlichen und politischen Landschaft wird zunehmend eine Polarisierung beobachtet, in der feministische Bewegungen und insbesondere ihre linken Strömungen verstärkt in die Kritik geraten. Ein Vorwurf, der immer wieder laut wird, ist, dass bestimmte feministische Gruppen gezielt Hass gegen weiße Männer säen.

Dieses Narrativ wirft zwangsläufig Fragen auf: Woher stammt dieser Eindruck, und was steckt wirklich hinter solchen Entwicklungen? Wenn in Talkshows, wie neulich bei Maischberger, ausschließlich feministische, linke Frauen die Bühne dominieren und dabei weiße Männer mit der Eleganz eines Vorschlaghammers pauschal abkanzeln, fühlt man sich als Zuschauer unweigerlich an ein modernes Remake der *Hexen von Eastwick* erinnert – nur mit weniger Magie und mehr moralischer Überlegenheit. Es ist, als hätten die drei Damen vom Grill beschlossen, das Menü auf „Dekonstruktion des Patriarchats" umzustellen – mit einer Portion Selbstgerechtigkeit als Beilage. Da fragt man sich schon, ob man sich nicht besser zurücklehnt und kritisch nachdenkt, bevor man den nächsten Bissen aus dieser intellektuellen Menükarte nimmt.

Der öffentlich-rechtliche Rundfunk (ÖRR) hat schließlich den Auftrag, sachlich und neutral zu informieren, anstatt mit erhobenem Zeigefinger nur eine einseitige Perspektive zu vertreten und gezielt Meinungen zu formen. Eine ausgewogene Berichterstattung, die verschiedene Sichtweisen berücksichtigt, ist essenziell, um den öffentlichen Diskurs zu fördern und Vertrauen in die Medien zu erhalten.

Wenn einseitige Narrative das Geschehen bestimmen, droht der ÖRR, seinen Bildungs- und Informationsauftrag mehr zu verwässern als ein halbherziger Cappuccino in einer hippen Stadtrand-Caféteria. Sollte man als selbstständig denkender, moderner Mensch nicht zumindest mal kurz innehalten und sich fragen, was eigentlich los ist, wenn selbst eine Angela Merkel, zur Frage nach dem Scheitern der Ampelkoalition nur ein trockenes „Männer" herauspresst?

Und währenddessen geht es auf den sozialen Medien rund: Grüne Politikerinnen und Aktivistinnen machen zunehmend Stimmung gegen weiße Männer – vorzugsweise konservative oder rechte. Es wirkt fast, als gäbe es eine geheime Liste, nach der jeder dritte Tweet die Phrase „toxische Männlichkeit" enthalten muss. Wer braucht schon Argumente, wenn man den Algorithmus hat, der Emotionen anheizt? Vielleicht sollten wir alle mal kurz durchatmen – oder wenigstens eine Runde *„Wer ist schuld? Nicht ich!"* Bingo spielen, um der Sache mit etwas Humor zu begegnen.

Aber Spaß beiseite, eine solche Polarisierung wirft tatsächlich Fragen auf: Geht es hier wirklich um sachliche Kritik, oder wird mit einem kräftigen Schlag auf die Pauschalisierungs-Trommel eher eine gezielte Ausgrenzung bestimmter Gruppen betrieben? In einer pluralistischen Gesellschaft sollten Debatten von Respekt und Argumenten getragen werden – nicht von Schuldzuweisungen und dem

„Alle Männer sind schuld"-Spiel. Wenn Diskurse zunehmend auf Polarisierung statt auf Dialog setzen, könnte man fast glauben, die politische Kultur spielt ein Spiel, bei dem der Verlierer die Vernunft ist. Und die ist im Moment wohl irgendwo auf der Suche nach einem besseren Dialog, den sie hier nicht findet.

Kritik an Machtstrukturen oder linker Zickenkrieg?

Linke feministische Bewegungen setzen sich gerne kritisch mit gesellschaftlichen Strukturen auseinander – und zwar vor allem mit denen, in denen weiße Männer historisch und systematisch privilegiert sind. So weit, so theoretisch. Doch in der Praxis scheint sich diese „Strukturkritik" oft in wenig differenzierten Parolen wie „Weiße Männer sind das Problem" zu erschöpfen. Man könnte fast meinen, manche Vertreterinnen dieser Bewegung hätten das Pauschalurteil zur Kunstform erhoben.

Das Problem? Diese Aussagen wirken nicht nur pauschal, sie sind es auch – und treffen damit nicht selten Männer, die weder in Machtpositionen sitzen noch Teil einer wie auch immer gearteten „Elite" sind. Statt einer analytischen Auseinandersetzung wird hier mit der Subtilität eines Presslufthammers argumentiert. Man fragt sich unweigerlich: Geht es wirklich noch um Strukturkritik, oder hat sich der Frust über die Welt in eine Art Dauer-Polemik verwandelt?

Für manche dieser lautstarken Kritikerinnen, nennen wir sie mal *linke Zicken*, scheint es fast eine sportliche Disziplin zu sein, Männer kollektiv in den verbalen Pranger zu stellen. Dass dabei viele potenzielle Unterstützer eher abgeschreckt als überzeugt werden, wird wohlwollend übersehen. Denn Differenzierung ist ja so was von 2010.

Die Rolle der sozialen Medien

Soziale Medien haben die Art und Weise, wie feministische Botschaften vermittelt werden, ordentlich auf den Kopf gestellt – oder besser gesagt, sie haben sie in einen grellen, hyperaktiven Zirkus verwandelt. Plattformen wie Twitter und Instagram scheinen ein eingebautes Feature zu haben, das differenzierte Kritik in Schlagworte wie „Alle Männer sind Müll" übersetzt. Warum? Weil nuancierte Diskussionen eben keine Likes bringen.

Was ursprünglich vielleicht als scharfsinnige Analyse patriarchaler Strukturen gedacht war, mutiert im Algorithmus-Universum zu einem schrillen Schlachtruf gegen „weiße Männer". Und sind wir ehrlich: Der Algorithmus liebt nichts mehr als Drama! Wenn sich also die feministische Botschaft auf Social Media verbreitet, dann oft in der Form von extremen Übertreibungen, die klingen, als hätte man die Drehbücher von *Die Tribute von Panem* und *Hexen 2.0* gemixt.

Die Krönung? Sobald jemand wagt, leise Differenzierung anzumelden, kommt eine Armada an Social-Media-Kriegerinnen mit dem moralischen Baseballschläger angerannt. Wer da nicht mitzieht, ist entweder „blind für das Problem" oder gleich der Erzfeind. Es wirkt fast, als ob es in diesen digitalen Gefechten weniger um Gleichberechtigung als vielmehr um das Sammeln von Retweets geht. Denn hey, wer braucht schon ernsthafte Diskussionen, wenn man mit einer guten Portion Empörung direkt in die Trending Topics marschieren kann?

Da sehen wir Influencerinnen, die auf ihren perfekt ausgeleuchteten Social-Media-Profilen unter Tränen darüber berichten, wie sehr sie sich vom männlichen Geschlecht ausgebeutet fühlen – natürlich mit einem Filter, der ihre Tränen wie Diamanten glitzern lässt. Die Ironie geht dabei leider oft verloren: Während sie die patriarchale Unterdrückung anprangern, posieren sie in aufreizender Sportkleidung im Fitnessstudio, schießen Selfies aus jedem erdenklichen Winkel und laden diese ins Netz.

Aber wehe, einer dieser „unterdrückenden Kerle" wagt es, in ihre Richtung zu schauen! Dann wird der Smartphone-Blitz schneller gezückt als ein Westernheld den Colt, und der Mann landet auf Instagram – versehen mit dem Hashtag #CreepyMen und einer empörten Caption, die mindestens 500 Likes garantiert. Ob er vielleicht nur seinen Wasserflaschenverschluss verloren hat und deshalb kurz geschaut hat? Egal! Die Likes zählen, nicht die Realität.

So entsteht eine seltsame Art von Schachspiel: Männer trauen sich kaum noch, in einem Umkreis von drei Metern, um eine Frau den Blick vom Boden zu heben, während die selbsternannten „Kämpferinnen gegen das Patriarchat" eifrig daran arbeiten, möglichst provokative Posen zu finden – nur um sich anschließend über die Aufmerksamkeit zu beklagen. Es ist ein absurdes Theaterstück, bei dem alle verlieren, außer dem Algorithmus, der die Empörung fleißig weiterverbreitet.

Intersektionaler Feminismus und seine Herausforderungen

Der intersektionale Feminismus versucht, verschiedene Formen von Unterdrückung (z. B. basierend auf Geschlecht, Ethnie, Klasse oder Sexualität) gleichzeitig zu analysieren. Dabei wird oft darauf hingewiesen, dass weiße Männer an der Spitze der Machtpyramide stehen und daher in besonderer Weise von Privilegien profitieren.

Diese Analyse hat definitiv ihre Tücken, besonders wenn nicht deutlich gemacht wird, dass es um Strukturen und nicht um die individuelle Schuld jedes Mannes mit hellem Teint geht. Das Problem? Viele weiße Männer, die selbst wirtschaftlich oder sozial eher auf der Schattenseite stehen, fühlen sich von dieser Pauschalkritik nicht nur ausgegrenzt, sondern regelrecht abgestempelt – als hätten sie das Patriarchat höchstpersönlich erfunden und patentiert.

Kein Wunder, dass der eine oder andere Mann irgendwann – bildlich gesprochen – zurückschlägt. Und zwar nicht mit Wut, sondern mit Humor! Mit einer gesunden Portion Sarkasmus nutzt er die Gelegenheit, diese *linken Zicken* mal so richtig auf den Arm zu nehmen. Ob das dann ein Kommentar à la „Ach, ich wusste gar nicht, dass ich heute die Weltherrschaft übernommen habe!" ist oder ein witziger Meme, der die Übertreibung entlarvt – die Reaktionen zeigen, dass auch Männer mit dem Finger auf der Witzklingel durchaus in der Lage sind, sich zu wehren.

Und mal ehrlich: Wer könnte es ihnen verdenken? Wenn man ständig als Sündenbock herhalten muss, bleibt einem irgendwann nur noch der Humor als Schutzschild.

Gezielte Polarisierung durch politische Agenden

Ein weiterer Faktor, der die Wahrnehmung von Hass gegen weiße Männer verstärkt, ist die politische Polarisierung. Bestimmte linke Aktivistinnen nutzen provokative Rhetorik, um Aufmerksamkeit auf Missstände zu lenken. Gleichzeitig wird diese Rhetorik von konservativen oder rechten Akteuren instrumentalisiert, um linke Bewegungen als radikal oder destruktiv darzustellen. Dies führt zu einer Spirale, in der sich beide Seiten gegenseitig radikalisieren.

Echter Feminismus oder Fehlinterpretation?

Es ist wichtig zu unterscheiden, was echter Feminismus ist und was radikale oder isolierte Positionen sind.

Feminismus sollte auf Gleichberechtigung und Gerechtigkeit abzielen – für alle Geschlechter. Wenn jedoch einzelne Stimmen innerhalb der Bewegung pauschale Schuldzuweisungen oder Abwertungen aussprechen, steht das im Widerspruch zu den Grundsätzen des Feminismus.

Die gezielte Verbreitung von Hass – sei es gegen weiße Männer oder andere Gruppen – ist alles andere als eine feministische Praxis. Ganz im Gegenteil, es ist eine perverse Verzerrung der ursprünglichen Ziele der Bewegung. Feminismus sollte für Gleichberechtigung, Respekt und die Emanzipation aller Menschen stehen, nicht für eine Plattform, auf der bestimmte Gruppen zur Zielscheibe gemacht werden.

Wer glaubt, mit Hass und Spaltung echte Veränderung zu erreichen, hat die Grundwerte der Bewegung nicht nur missverstanden, sondern einfach ins Gegenteil verkehrt.

Feminismus, der sich in Wut und Feindseligkeit verliert, verliert seine Glaubwürdigkeit und erreicht genau das Gegenteil von dem, was er eigentlich anstrebt.

Fazit:

Feminismus, der sich in Hass und Feindseligkeit verirrt, ist wie ein Orchester, das statt Beethovens Neunter plötzlich mit Trillerpfeifen und Vuvuzelas loslegt – die eigentliche Botschaft geht völlig unter, und der Lärm ist einfach nur nervig. Wer Gleichberechtigung und Respekt für alle – unabhängig von Geschlecht, Hautfarbe oder Herkunft – wirklich ernst nimmt, sollte sich fragen, ob ideologische Hetze wirklich die richtige Playlist für die Bewegung ist. Denn wenn der Feminismus anfängt, seine moralische Autorität mit Polemik und Hass zu verspielen, macht er sich selbst zum Feind im eigenen Lager.

Das Ergebnis? Niemand gewinnt. Statt Wut und Spaltung brauchen wir echte, inklusive Veränderungen. Und ja, dazu gehört, die Dramatik runterzuschrauben. Es ist schließlich schwer, eine Brücke zu bauen, wenn man stattdessen ständig Dynamitstangen in die Hand nimmt.

Wer die Diskussion konstruktiv führen will, sollte sich daran erinnern, dass differenziertes Reden über Machtstrukturen, Privilegien und individuelle Erfahrungen zwar keine Klick-Rakete ist, aber deutlich mehr Substanz hat. Hass ist keine Lösung – weder gegen weiße Männer, die scheinbar für alles verantwortlich sind, noch gegen andere Gruppen, die mal eben in einen Topf geworfen werden.

Echter Feminismus sollte Brücken bauen, nicht Gräben ausheben, als gäbe es einen Preis für den besten Schützengraben. Und mal ehrlich: Wenn alle aufeinander losgehen, bleibt am Ende niemand mehr, der noch applaudieren kann – oder will.

Und ja, Feminismus darf auch weiblich sein – mit all der Stärke, der Eleganz und dem Einfühlungsvermögen, die echte Frauen ausmachen. Es geht nicht darum, mit Männern in einen Wettbewerb zu treten oder zu beweisen, wer besser ist. Vielmehr liegt die wahre Kraft darin, die einzigartigen Stärken beider Geschlechter anzuerkennen und zu würdigen. Frauen bringen oft ein besonderes Maß an Empathie, Intuition und Kreativität ein, während Männer ihre eigenen besonderen Qualitäten haben – und genau diese Vielfalt macht das Leben reich und lebendig.

Statt in Konkurrenz zu treten, sollten wir uns darauf konzentrieren, wie sich unsere Stärken ergänzen und gemeinsam Großes bewirken können. Denn wenn jedes Geschlecht seine wahre Stärke lebt, entsteht echte Harmonie.

Die Machtfrage: Feministinnen in Spitzenpositionen und ihre Rhetorik gegen „weiße Männer"

In den letzten Jahren haben einige Frauen, die sich selbst als Feministinnen definieren und Führungsrollen in Politik, Medien oder Wirtschaft innehaben, eine scharfe Rhetorik gegen „weiße Männer" etabliert. Dies wirft Fragen auf: Nutzen diese Frauen ihre Machtposition gezielt, um Hass gegen eine spezifische Gruppe zu schüren? Und tun sie letztlich genau das, was sie an patriarchalen Strukturen kritisieren?

Darüber hinaus ist zu beobachten, dass vor allem Frauen aus dem linken und grünen politischen Spektrum zunehmend Positionen einnehmen, die sich für militärische Aufrüstung und Kriegswaffen aussprechen. Dies führt zu einer kritischen Auseinandersetzung mit der Frage, ob Frauen tatsächlich, wie oft behauptet, die „besseren Menschen" sind.

Zunehmend kann man beobachten, dass linke Feministinnen kein Problem mit kultureller Vielfalt zu haben scheinen – auf die grüne Migrationspolitik und ihre Auswirkungen werde ich später noch eingehen –, wohl aber mit der Vielfalt an Meinungen.

Woher sonst rührt diese gezielte Hetze gegen rechts? Man könnte fast meinen, „rechts" sei ein Synonym für den ultimativen Bösewicht in einem schlechten B-Movie. Doch auch hier zeigt sich, wie gefährlich es ist, wenn Bildung und Differenzierung fehlen. Mit einer soliden Grundlage wüsste man, dass „rechts" ebenso wie „links" lediglich eine politische Meinung darstellt – und nicht automatisch das Bewerbungsschreiben für die Schurkenrolle in der nächsten Weltuntergangserzählung.

Rechts-konservative Parteien werden oft pauschal als rückwärtsgewandt und gefährlich abgestempelt, während ihre Wähler gleich mit einem Koffer voller Klischees versehen werden: vom „ewig gestrigen Schrebergärtner" bis hin zum „Stammtisch-Schreihals". Dabei wird gern übersehen, dass auch hinter diesen Parteien Menschen stehen, die – Überraschung! – vielleicht einfach andere Lösungen für gesellschaftliche Probleme sehen. Dass einige dieser Wähler sich angesichts solcher pauschalen Verunglimpfungen erst recht in ihrer Meinung bestätigt fühlen, scheint dann niemanden zu überraschen.

Man fragt sich: Geht es hier noch um den Dialog, der demokratische Systeme eigentlich stärken soll, oder ist das Ziel inzwischen, jede abweichende Meinung einfach niederzubrüllen? Wenn wir uns weiter in diesem schwarz-weißen Denken verlieren, wird die politische Landschaft bald aussehen wie ein Zirkuszelt, in dem jede Seite versucht, die andere mit immer lauteren Vorwürfen zu übertrumpfen. Und wer profitiert davon? Sicher nicht die Demokratie.

Doppelte Standards und das Spiegelbild der Kritik

Die feministische Kritik an männlichen Machtstrukturen zielt oft darauf ab, Missbrauch, Ungleichheit und Ungerechtigkeit sichtbar zu machen. Doch wenn feministische Akteurinnen ihre Macht nutzen, um Hass zu verbreiten oder pauschal eine Gruppe zu verurteilen, stellen sie sich in gewisser Weise auf dieselbe Ebene wie die Strukturen, die sie kritisieren. Hier entsteht ein doppelter Standard: Während von „weißen Männern" erwartet wird, Verantwortung für historische und systemische Ungerechtigkeiten zu übernehmen, scheint es in der feministischen Rhetorik wenig Raum für Selbstreflexion über den eigenen Umgang mit Macht zu geben. Statt die Ungerechtigkeiten zu beseitigen, perpetuieren manche Feministinnen neue Formen von Ausgrenzung – nur in umgekehrter Richtung.

Frauen und Militarisierung: Ein Widerspruch?

Ein bemerkenswerter Trend ist die Zunahme von Frauen aus linken und grünen politischen Lagern, die sich für militärische Aufrüstung oder den Einsatz von Kriegswaffen aussprechen. Beispiele dafür finden sich in der europäischen Politik, wo prominente Politikerinnen Waffenlieferungen an Kriegsgebiete befürworten oder sich für eine Stärkung der Verteidigung aussprechen.

Dieser Trend steht im Widerspruch zu dem oft propagierten Bild der Frau als Friedensstifterin. Die Begründung lautet häufig, dass militärische Maßnahmen notwendig seien, um Frieden und Sicherheit langfristig zu gewährleisten.

Doch diese Haltung wirft einige pikante Fragen auf: Sind Frauen in Machtpositionen tatsächlich die friedfertigen Engel, als die sie oft dargestellt werden, oder legen sie, sobald sie am Hebel der Macht sitzen, ähnlich wie ihre männlichen Kollegen eine Politik der Stärke, Dominanz und gelegentlich auch Kaltherzigkeit an den Tag? Vielleicht tauschen sie nur das Narrativ aus – vom sanften Vermittler zur entschlossenen Strippenzieherin.

Ein passendes Beispiel dafür liefert uns die Waffen-Lobbyistin Strack-Zimmermann, die anscheinend in ihrer Freizeit davon träumt, die Ukraine mit noch mehr Kriegsgerät auszustatten, als es ein durchschnittlicher Hollywood-Actionfilm jemals zeigen könnte. Warum sie das tut? Nun, die Antwort darauf liegt so offensichtlich auf der Hand, dass man sich fragt, ob man überhaupt darüber sprechen muss. Aber gut, bleiben wir noch ein bisschen kryptisch – es macht die Sache schließlich spannender.

Und dann gibt es da noch Florenz Gaub, die sogenannte "NATO-Expertin". Mit einem Blick, so frostig wie ein sibirischer Winter, behauptet sie allen Ernstes, ukrainische Soldaten gingen "freiwillig in den Tod". Als Lanz sie in seiner Sendung fragte, wie es sein könne, dass sie jetzt so erfolgreich sei – wo sie doch noch vor einem halben Jahr ein klappriges Auto gefahren habe – da war ihre Antwort nicht etwa Einsicht oder Demut.

Jetzt könnte man sich fragen, was diese Damen eigentlich antreibt. Aber wenn ich ihr perfides Treiben so betrachte, kommt mir unweigerlich mein Buchcover in den Sinn: eine Hexe, die auf einem Besen sitzt. Und ja, viele rechtschaffende und friedliebende Menschen würden sich wahrscheinlich wünschen, dass sich genau solche Figuren auf ihren Besen schwingen und einfach davonzischen – am besten in Richtung Horizont, wo sie keinen Schaden mehr anrichten können.

Vielleicht ist der Besen für manche machtgeile Feministin eben nicht nur ein Fluggerät, sondern auch eine Art moralische Absprungbasis. Eine Plattform, von der aus man sich in die Lüfte schwingt, um hoch über den Köpfen anderer die eigene Überlegenheit zu demonstrieren – oder um gezielt Chaos zu verbreiten. Je nachdem, wohin die Reise eben gehen soll. Aber Achtung, liebe Hexen auf Besen: Hochmut kommt bekanntlich vor dem tiefen Sturz!

Die Illusion von moralischer Überlegenheit

Die Vorstellung, dass Frauen „die besseren Menschen" sind, basiert auf traditionellen Geschlechterrollen, die Frauen als empathischer, friedlicher und fürsorglicher darstellen. Feministische Bewegungen haben lange dafür gekämpft, Frauen aus diesen engen Stereotypen zu befreien. Paradoxerweise zeigt sich jedoch, dass Frauen in Machtpositionen oft nicht weniger machtpolitisch oder aggressiv agieren als Männer.

Sicherlich kennt jeder den Mythos der bösen Schwiegermutter – Spoiler: Es ist keine Verschwörungstheorie, sondern in vielen Fällen einfach die nackte Wahrheit. Schwiegertöchter haben es wahrlich nicht leicht, denn neben ihrer unangefochtenen Dominanz kommt kaum jemand zum Zug. Keine andere Frau hat eine Chance, denn für den Sohn dieser großartigen, nahezu göttlichen Frau ist niemand gut genug – nicht einmal Cleopatra höchstpersönlich mit ihrem Nil-Imperium im Gepäck.

Egal, wie sehr man sich anstrengt: die perfekte Schwiegertochter zu sein, ist ein Ding der Unmöglichkeit. Du kochst? Die Schwiegermutter hat es natürlich besser gemacht – und mit weniger Salz! Du dekorierst das Wohnzimmer? Für die Schwiegermutter sieht es danach aus, als hätte ein Kunstbanause einen Katalog explodieren lassen. Und wehe, du wagst es, bei einer Familienfeier zu glänzen – sie lässt keine Gelegenheit aus, dich in deiner Abwesenheit verbal ins Reich der Fußmatten zu befördern.

Wenn der Sohn nicht in der Nähe ist, entfaltet sich das wahre Talent dieser legendären Figur: kleine Sticheleien, subtile Blicke, die mehr sagen als tausend Worte, und Kommentare, die als „gut gemeint" getarnt sind, aber die Empathie eines kalten Kamins haben. Man könnte fast meinen, sie hat ein Diplom in „Schwiegertochter-Torpedierung" gemacht.

Unzählige Ehen gehen auf das Konto dieser bösartigen Ränkespiele – ein Schelm, wer da an Vorsatz denkt. Aber hey, andere Mütter haben auch schöne Söhne! Und die haben vielleicht sogar Schwiegermütter, die wissen, wann sie sich einfach mal zurücklehnen und die Kekse genießen sollten, anstatt sie nachzureichen mit dem Satz: „Die hätte ich aber knuspriger hinbekommen."

Aber kommen wir wieder zur Sache: Die Frage, ob Frauen die besseren Menschen sind, ist weniger eine Frage des Geschlechts, sondern vielmehr eine Frage von Macht – und davon, wie man sie nutzt oder schamlos ausnutzt. Macht ist wie ein hochprozentiger Schnaps: Nicht jeder verträgt sie, und bei einigen führt sie zu bedenklichen Nebenwirkungen wie Größenwahn oder manipulativen Ränkespielen.

Es ist faszinierend, wie oft Macht den Charakter entblößt, statt ihn zu stärken – ganz unabhängig davon, wer sie innehat. Bei manchen verwandelt sie den bescheidenen Menschen in einen kleinen Napoleon, bei anderen zaubert sie eine Komödie des Überheblichen hervor, bei der man sich fragt: „Ist das jetzt Drama, oder soll ich klatschen?"

Die Schwiegermutter, um das Beispiel noch mal aufzugreifen, ist hier ein Paradebeispiel. Ihre Machtposition als "Mutter des Goldjungen" verleiht ihr ein unsichtbares Zepter, das sie souverän schwingt – allerdings nicht, um Gutes zu tun, sondern um gelegentlich den friedlichen Familienfrieden in eine spannende Reality-Show zu verwandeln. Aber auch wir Schwiegertöchter können lernen, das Spiel der Macht mit einem Schmunzeln zu betrachten. Denn am Ende ist es wie beim Schach: Manchmal reicht ein kluger Zug, um die Königin in die Schranken zu weisen.

Also: Ob Frauen die besseren Menschen sind, bleibt wohl eine Frage der Perspektive – oder des Humors. Schließlich ist es mit der Macht wie mit der Schwiegermutter: Man muss lernen, mit ihr zu leben, ohne sich von ihr das Leben diktieren zu lassen.

Die Antwort auf die Frage, ob Frauen die besseren Menschen sind, liegt nicht in ihrem Geschlecht, sondern in ihrer Fähigkeit, Macht verantwortungsvoll und gerecht einzusetzen. Dies gilt für alle Geschlechter gleichermaßen – und es erinnert daran, dass Macht immer reflektiert und kritisch betrachtet werden sollte, unabhängig davon, wer sie innehat.

Die Frage, warum Feministinnen sich oft anmaßen, die Welt retten zu können, obwohl ihnen oft wirtschaftliches Verständnis, politische Weitsicht oder diplomatische Fähigkeiten fehlen, ist sicherlich eine Aussage, die nicht auf die gesamte feministische Bewegung zutrifft. Dennoch lässt sich die Kritik, die hinter dieser Frage steht, in verschiedene Aspekte aufteilen und diskutieren.

1.Moralischer Anspruch und Aktivismus

Viele feministische Bewegungen und Aktivistinnen treten mit einem klaren moralischen Anspruch auf die Bühne: Sie wollen Gerechtigkeit schaffen, gesellschaftliche Ungleichheiten abbauen und Diskriminierungen in alle Ewigkeit verbannen – ein nobles Ziel, keine Frage. Doch dieser Idealismus gleicht manchmal einer rosaroten Brille, die den Blick auf die Realität ein wenig trübt.

Man könnte fast sagen, der moralische Kompass schlägt so stark aus, dass er die Landkarte gleich mit aus dem Fenster wirft. Der Fokus liegt fest auf den moralischen Zielen, während die wirtschaftlichen, politischen oder diplomatischen Konsequenzen ihrer Vorschläge manchmal, wie der nervige Beifahrer behandelt werden: ignoriert, bis sie nicht mehr zu überhören sind. Und genau hier wird es spannend: Kann man eine gerechtere Welt erschaffen, ohne vorher sicherzustellen, dass die Brücke, die man über den Abgrund baut, auch das Gewicht trägt? Oder wird der Idealismus am Ende zur Ideologie, die in ihrer Begeisterung ein paar praktische Details vergisst – wie beispielsweise die Frage: Wer zahlt eigentlich die Rechnung?

2. Fehlende Expertise oder fehlende Anerkennung?

Die Annahme, dass Feministinnen oft nicht über die notwendige Expertise verfügen, spiegelt zweifellos gesellschaftliche Vorurteile wider. Frauen – insbesondere solche, die sich für feministische Anliegen einsetzen – stehen in politischen und wirtschaftlichen Bereichen oft unter besonderer Beobachtung. Ihre Kompetenz wird häufiger hinterfragt, und sie werden anders bewertet als ihre männlichen Kollegen. Das ist ein Problem, das wir als Gesellschaft lösen müssen, wenn wir wirklich an Gleichberechtigung interessiert sind.

Aber – und das darf man nicht ignorieren – es gibt auch Fälle, die diese Vorurteile leider zu bestätigen scheinen. Gerade in Deutschland haben wir Beispiele, die Zweifel an der Kompetenz mancher Politikerinnen nähren. Die grüne Außenministerin Annalena Baerbock etwa hat es mit ihrer ungeschickten Kommunikation und mangelnden Detailkenntnissen geschafft, Deutschland in der internationalen Politik nicht immer im besten Licht erscheinen zu lassen.

Solche Beispiele schaden nicht nur ihrer eigenen Glaubwürdigkeit, sondern werfen auch einen Schatten auf all jene Frauen, die in Führungspositionen tatsächlich hervorragende Arbeit leisten. Die Herausforderung liegt darin, die notwendige Kritik an solchen Fehlleistungen zu äußern, ohne dabei in pauschale Abwertungen oder Klischees zu verfallen. Kompetenz ist keine Frage des Geschlechts, sondern der Qualifikation – und das sollten wir immer im Hinterkopf behalten, wenn wir politische oder wirtschaftliche Führungspersönlichkeiten bewerten.

3. Rhetorik vs. Realität

Feministische Bewegungen und Aktivistinnen nutzen oft eine starke, zugespitzte Rhetorik, um Aufmerksamkeit zu erregen. Aussagen wie „Die Welt retten" sind häufig symbolisch gemeint und sollen die Dringlichkeit gesellschaftlicher Veränderungen betonen. Diese Rhetorik kann jedoch als überheblich wahrgenommen werden, insbesondere wenn die Vorschläge nicht durch konkrete, umsetzbare Maßnahmen untermauert werden.

4. Herausforderungen in der Diplomatie

Feministische Akteurinnen in der Politik setzen oft auf direkte Konfrontation, um Missstände anzuprangern – eine Taktik, die im Aktivismus durchaus Wirkung zeigen kann. Doch diese Herangehensweise stößt in der Diplomatie oft an ihre Grenzen. Diplomatie ist ein Spiel der Kompromisse, des strategischen Denkens und der Fähigkeit, die Interessen unterschiedlicher Akteure zu balancieren. Hier zeigt sich, dass politische Bewegungen, die auf moralischen Absolutismus setzen, Schwierigkeiten haben können, da sie selten bereit sind, ihre Positionen zu relativieren oder flexibel zu bleiben.

Ein perfektes Beispiel dafür liefert unsere grüne Außenministerin, Annalena Baerbock. Statt sich auf ihre Kernaufgabe – Diplomatie – zu konzentrieren, sorgt sie lieber für Schlagzeilen, indem sie sich mit Themen wie dem Standort von Toiletten für Frauen in Afrika beschäftigt. Es stellt sich die Frage, ob dies wirklich der Zeitpunkt ist, um solch eine „Mission" zu verfolgen, wenn doch dringende diplomatische Herausforderungen und internationale Verhandlungen auf der Tagesordnung stehen sollten. Man könnte fast meinen, sie würde lieber den moralischen Zeigefinger heben, als die Kunst der Diplomatie wirklich zu erlernen.

Aber hey, vielleicht ist das die Zukunft der feministischen Außenpolitik: mehr Fokus auf „Toiletten-Gleichberechtigung".

5. Die Rolle von Emotionen in der Politik

Ein weiterer Kritikpunkt an feministischen Bewegungen ist, dass sie oft mit emotionalen Themen wie Gleichberechtigung, sozialer Gerechtigkeit oder persönlichen Erfahrungen mit Diskriminierung um die Ecke kommen – als ob dies irgendein Grund wäre, sich Sorgen zu machen. Manchmal wird diese emotionale Herangehensweise dann als „irrational" oder „wenig faktenbasiert" abgestempelt. Doch das ist natürlich ein ziemlich verkürztes Bild.

Denn seien wir mal ehrlich: Emotionen sind der Zündstoff, der politische Prozesse überhaupt erst in Gang setzt. Sie mobilisieren Menschen, bringen Aufmerksamkeit und verleihen Anliegen eine Dringlichkeit, die mit nüchternen, trockenen Fakten und Analysen so leicht nicht zu erreichen ist. Es ist wie bei einem guten Film – ohne Drama und Emotionen ist es halt einfach nur eine langweilige Doku. Aber, und hier kommt der Knackpunkt: Damit es nicht zu einem kitschigen Blockbuster wird, sollten Emotionen immer von sachlicher Analyse und fundierter Expertise begleitet werden. Die Balance, die dabei leider oft auf der Strecke bleibt, könnte den Unterschied zwischen einem Bestseller und einem misslungenen Filmchen ausmachen.

Allerding bringt das Vorlegen selbst veranlasster Statistiken, die lediglich dazu dienen, die eigenen ideologischen Gedanken zu bestätigen und schönzureden herzlich wenig. Es gleicht einem Blick in den Spiegel: Man sieht nur das, was man sehen will, und ignoriert die Realität, die möglicherweise unangenehm oder unbequem sein könnte. Solche „maßgeschneiderten Wahrheiten" sind nicht nur unbrauchbar, sondern auch gefährlich, weil sie die Diskussion vergiften und echte Lösungen verhindern.

Wahrheit braucht keine Faktenchecker, die die Realität in die Irre führen und dann behaupten, sie hätten die Lösung des Problems gefunden. Politik und Gesellschaft brauchen keine inszenierten Zahlenkolonnen, die mit viel Drama und noch mehr Schwung zur Bestätigung des eigenen Weltbildes hochstilisiert werden. Was wir wirklich brauchen, sind Fakten, die nicht nur einmal durchgewunken, sondern hartnäckig geprüft, in einen breiten Kontext gesetzt und vor allem offen diskutiert werden – auch wenn sie das eigene Weltbild ins Wanken bringen. Denn, und das ist die bittere Wahrheit, echte Fortschritte entstehen nur dann, wenn wir uns der Wahrheit stellen – ohne Schönfärberei, ohne Manipulation und ohne den üblichen "Wir haben es schon immer gewusst"-Reflex.

Nur so können fundierte Entscheidungen getroffen werden, die nicht in der Blase des eigenen Glaubens, sondern in der Realität wurzeln. Und das ist dann wirklich der Stoff, aus dem Fortschritt gemacht wird – kein Geplänkel, sondern echte Substanz. Das eigentliche Problem liegt darin, dass Ideologie oft vor Erkenntnis steht. Wer sich zu sehr von seinen Überzeugungen leiten lässt, riskiert, die Komplexität der Wirklichkeit zu übersehen.

Die Welt lässt sich jedoch nicht in Schwarz-Weiß-Kategorien pressen – und das ist auch gut so. Denn erst, wenn wir den Mut haben, die Grautöne zu akzeptieren, können wir uns wirklich weiterentwickeln.

Fazit:

Ein Teil der feministischen Kritik – insbesondere von linker Seite – ist geprägt von einer geradezu malerischen Utopie: eine Welt ohne Machtstrukturen, in der Ressourcen so gerecht verteilt sind, dass selbst das letzte Eichhörnchen zufrieden mit einer Nuss in der Sonne chillt. Doch hinter diesem Traum steckt oft ein ziemlich klarer Feindbild-Ansatz: der Reiche. Und seien wir ehrlich, da schwingt nicht selten auch eine Prise Neid mit. Manchmal scheint es, als wäre der Kampf für Gerechtigkeit eher ein persönlicher Kreuzzug gegen jeden, der ein größeres Stück vom Kuchen abbekommen hat.

Natürlich ist es wichtig, Ungleichheiten anzusprechen – keine Frage! Aber in ihrem Eifer, die Welt auf den Kopf zu stellen, verlieren einige dieser Kritikerinnen den Boden unter den Füßen. Statt die vielschichtige Realität wirtschaftlicher und politischer Zusammenhänge anzuerkennen, scheint die Devise oft zu lauten: „Wenn wir nur laut genug rufen, wird das System schon einknicken." Dabei bleibt außer Acht, dass diese „reichen Schurken" manchmal tatsächlich auch jene

Systeme am Laufen halten, von denen alle profitieren – selbst diejenigen, die gegen sie wettern.

Und während man an der Front des Klassenkampfs für die absolute Gleichheit kämpft, kann man sich schon mal in Details verlieren. Wenn zum Beispiel argumentiert wird, dass selbst die Verteilung von Avocados auf dem Weltmarkt eine patriarchale Verschwörung sei, fragt man sich schon, ob die Realität bei diesem Utopie-Picknick ausgeladen wurde.

Doch bei allem Ernst, den die Debatte verdient, ist es auch wichtig, den Humor nicht zu verlieren. Denn während die linken Feministinnen ihre utopischen Schlösser in den Wolken bauen, könnten sie vielleicht einen Moment innehalten und überlegen: Wer soll die Miete dafür zahlen?

Am Ende bleibt der Spagat zwischen Idealismus und Realität der eigentliche Kampf – und manchmal tut ein bisschen Pragmatismus ganz gut, selbst wenn er nicht ganz so glamourös ist wie der Traum von der perfekten Welt.

Bildung statt Symbolpolitik: Wie Feminismus an politischer Würde gewinnen kann

Um den Feminismus als ernstzunehmende politische Bewegung zu stärken, ist es entscheidend, dass er sich auf fundierte Bildung, durchdachte Strategien und konkrete Ergebnisse konzentriert. Stattdessen wird in Teilen des heutigen feministischen Diskurses häufig ein Fokus auf Themen wie Gendern oder die Förderung bunter Vielfalt gelegt, die zwar wichtige symbolische Werte vertreten, aber oft wenig Substanz für die Bewältigung der zentralen Herausforderungen unserer Zeit bieten.

Bildung als Grundlage für Fortschritt

Eine Gesellschaft kann nur dann gerecht und zukunftsfähig gestaltet werden, wenn Bildung als Schlüssel zu kritischem Denken, wirtschaftlicher Kompetenz und technologischer Innovation begriffen wird. Feminismus, der sich in die politische Arena begibt, muss daher die Bedeutung von Bildung nicht nur betonen, sondern auch aktiv fördern. Das bedeutet, sich für den Zugang zu hochwertiger Bildung einzusetzen und gleichzeitig sicherzustellen, dass Bildungsinhalte nicht durch ideologische Einfärbungen verwässert werden.

Wenn Bildung jedoch zur Nebensache wird und stattdessen Themen wie Gendern oder die Darstellung von Vielfalt im Vordergrund stehen, laufen feministische Bewegungen Gefahr, den Kontakt zu den Kernproblemen zu verlieren, die tatsächlich eine Veränderung bewirken könnten: ökonomische Gerechtigkeit, Chancengleichheit im Bildungssystem und die Förderung von Wissenschaft und Forschung.

Stattdessen diskutieren wir darüber, ob wir Tampon Automaten auf Männerklos installieren sollen – als hätten wir keine anderen Sorgen. Vielleicht wäre es an der Zeit, die Energie von solchen Symbolthemen auf echte Lösungen zu lenken, die den Alltag vieler Menschen nachhaltig verbessern, anstatt uns in Nebenschauplätzen zu verlieren, die kaum jemandem wirklich helfen.

Symbolpolitik statt Substanz

Das Gendern – also die sprachliche Anpassung, um alle Geschlechter zu repräsentieren – ist ein Beispiel für ein Thema, das viel Energie und Aufmerksamkeit beansprucht, aber oft als Symbolpolitik wahrgenommen wird.

Wenn solche Debatten den Eindruck erwecken, der Feminismus beschäftige sich vor allem mit kosmetischen Fragen, während gravierende Probleme wie Lohnungleichheit, Altersarmut, Migrationskrise oder der Zugang zu Bildung und Karrierechancen in den Hintergrund geraten.

Ohne eine fundierte Bildungsbasis droht Vielfalt zur oberflächlichen Agenda zu verkommen, die zwar gut klingt, aber nicht wirklich von Nutzen ist.

Ein Feminismus, der sich auf die bloße Förderung von Vielfalt beschränkt, ohne die strukturellen Grundlagen für gesellschaftlichen Fortschritt zu legen, verliert an politischer Relevanz. Vielfalt sollte ein Ergebnis gerechter Bildungspolitik und Chancengleichheit sein – nicht ein isolierter Schwerpunkt, der von anderen zentralen Themen ablenkt.

Bei aller feministischer Übereifrigkeit, die Menschheit links umzuerziehen, haben wir inzwischen mehr Genderprofessorinnen als brauchbare Lehrkräfte – und immer mehr ungebildete Schüler, Schüler*innen und Professor*innen. Während die einen sich darüber den Kopf zerbrechen, wie man das Wort „Schüler" möglichst gendergerecht zerlegt, können die anderen nicht mal mehr einen fehlerfreien Satz schreiben.

Wenn das so weitergeht, schaffen wir es bald, dass niemand mehr weiß, wie man „Chancengleichheit" buchstabiert – aber hey, Hauptsache, die Gendersternchen sitzen perfekt!

Ein weiteres Problem, das mit der Vernachlässigung von Bildung und der Überbetonung symbolischer Themen einhergeht, ist die Fragmentierung feministischer Bewegungen. Indem sich verschiedene Gruppierungen auf spezifische, oft ideologisch aufgeladene Anliegen konzentrieren, verlieren sie den gemeinsamen Fokus und die Fähigkeit, eine kohärente politische Agenda zu formulieren. Ein Feminismus, der Bildung und Kompetenz in den Vordergrund stellt, kann hingegen eine breite Unterstützung gewinnen und als ernstzunehmende Kraft in der Politik wahrgenommen werden.

Feminismus braucht Substanz, keine Oberflächlichkeit

Wenn der Feminismus politisch wirksam sein will, muss er sich auf die Themen konzentrieren, die echte Veränderung bewirken: Bildung, wirtschaftliche Teilhabe und soziale Gerechtigkeit.

Ein Feminismus, der Bildung als Motor des Fortschritts versteht, hat das Potenzial, nicht nur gesellschaftliche Würde zurückzugewinnen, sondern auch eine treibende Kraft für echten Wandel zu sein. Statt sich auf Symbolpolitik und oberflächliche Inszenierungen zu verlassen – bei denen es mehr um das perfekte Bild und weniger um den perfekten Plan geht – sollte der Fokus auf Wissen, Aufklärung und faktenbasierter Politik liegen.

Es braucht keine teuren Visagisten, die für 160.000 Euro Steuergeld im Jahr dafür sorgen, dass der öffentliche Auftritt makellos wirkt. Was wirklich zählt, sind keine perfekt gezogenen Lidstriche, sondern klare Visionen, überzeugende Argumente und eine Politik, die durch Expertise besticht, nicht durch Make-up.

Bildung schafft die Grundlage für nachhaltigen Fortschritt, denn sie befähigt Menschen dazu, kritisch zu denken, Probleme zu analysieren und innovative Lösungen zu finden – Fähigkeiten, die kein Lippenstift der Welt ersetzen kann.

Ein solcher Feminismus erkennt, dass der wahre Weg zu Gleichberechtigung und gesellschaftlichem Fortschritt nicht durch PR-Strategien gepflastert ist, sondern durch eine Bildungsoffensive, die Barrieren abbaut, Chancen eröffnet und Menschen unabhängig macht.

Es ist an der Zeit, den Blick von der Schminkpalette auf die Schulbücher zu richten – denn Veränderung beginnt im Kopf, nicht im Spiegel, meine Damen!

Junge Menschen ohne Abschluss und Berufserfahrung haben im Bundestag nichts zu suchen

Der Bundestag ist das Herzstück unserer Demokratie und verlangt nach Menschen, die nicht nur Visionen haben, sondern auch die Kompetenz, diese in Gesetze und praktikable Lösungen umzusetzen. Bildung, Berufserfahrung und ein grundlegendes Verständnis für die Herausforderungen des Lebens gehören zu den absoluten Mindestanforderungen, um dort seriös und verantwortungsvoll arbeiten zu können.

Was soll man also von einer Abgeordneten wie Emilia Fester halten, wenn diese auf Social Media Videos postet, in denen sie wie wild herumhopst, anstatt sich mit den drängenden Problemen des Landes auseinanderzusetzen? Es wirkt, wie eine Parodie auf das, was parlamentarische Arbeit sein sollte – fundiert, durchdacht und dem Ernst der politischen Verantwortung angemessen.

Solches Verhalten hinterlässt nicht nur einen schlechten Eindruck, sondern wirft die Frage auf, wie tief das Niveau im Bundestag noch sinken soll.

Es geht nicht darum, jungen Menschen die politische Beteiligung abzusprechen – im Gegenteil: Frische Ideen und neue Perspektiven sind wichtig. Doch Politik ist kein Influencer-Wettbewerb und der Bundestag keine Bühne für Selbstdarsteller. Statt Kindergarten-Unterhaltung und Selbstdarstellung auf Social Media brauchen wir Abgeordnete, die mit ihrer Lebenserfahrung, ihrem Wissen und ihrer Seriosität Vertrauen schaffen.

Wenn die politische Arbeit auf solch ein Niveau abrutscht, verliert die Demokratie an Ansehen. Der Bundestag sollte ein Ort des Respekts und der Kompetenz bleiben, kein Zirkus, in dem der lauteste oder auffälligste Auftritt die Aufmerksamkeit gewinnt.

Die politische Arbeit im Bundestag erfordert fundiertes Wissen, Erfahrung und die Fähigkeit, komplexe gesellschaftliche und wirtschaftliche Zusammenhänge zu verstehen. Das Leben eines Abgeordneten im Deutschen Bundestag ist geprägt von der Verantwortung, Gesetze zu erlassen, die das Leben von Millionen von Menschen beeinflussen.

Daher stellt sich die Frage, ob junge Menschen ohne Abschluss und Berufserfahrung wirklich für solche verantwortungsvollen Aufgaben geeignet sind.

1. Komplexität der politischen Entscheidungen

Der Bundestag ist keine Bühne für Idealismus oder jugendliche Unbedarftheit.

Politische Entscheidungen, die dort getroffen werden, haben tiefgreifende Auswirkungen auf Gesellschaft, Wirtschaft und internationale Beziehungen. Wer Gesetze gestaltet und verabschiedet, muss die Fähigkeit besitzen, die weitreichenden Konsequenzen seiner Entscheidungen zu überblicken und kritisch zu hinterfragen.

Ein junger Mensch ohne Abschluss und Berufserfahrung hat möglicherweise nicht das nötige Fundament, um solche komplexen Themen angemessen zu bearbeiten.

Ein fundiertes Verständnis von Wirtschaft, Recht, sozialen Zusammenhängen und internationalen Beziehungen ist notwendig, um die verschiedenen Perspektiven zu berücksichtigen und im besten Interesse der Allgemeinheit zu handeln.

Ohne dieses Wissen fehlt nicht nur die fachliche Grundlage, sondern auch die Fähigkeit, fundierte und langfristige Entscheidungen zu treffen.

2. Berufserfahrung als Voraussetzung für politische Weitsicht

Berufserfahrung lehrt uns nicht nur praktische Fähigkeiten, sondern auch, wie man mit Herausforderungen, komplexen Aufgaben und schwierigen Entscheidungen umgeht. Politiker benötigen nicht nur theoretisches Wissen, sondern auch die Fähigkeit, mit unterschiedlichen Interessengruppen zu verhandeln, Verantwortung zu übernehmen und pragmatische Lösungen zu finden. Berufserfahrung hilft dabei, eine gewisse Realitätsnähe zu entwickeln, die in der politischen Arbeit unerlässlich ist.

Junge Menschen, die noch keine beruflichen Erfahrungen gesammelt haben, sind daher oft in einer Situation, in der sie nicht die nötige Perspektive und das Verständnis für die komplexen Anforderungen politischer Arbeit mitbringen. Ohne diese Erfahrungen fehlen oft die notwendigen Skills in Bereichen wie Verhandlungsführung, Problemlösung und Teamarbeit, die im politischen Alltag unverzichtbar sind.

3. Die Notwendigkeit von Expertise und Fachkenntnissen

Ein Abgeordneter muss oft auf Expertenwissen zurückgreifen und dieses in politische Entscheidungen umsetzen. Dazu gehören sowohl allgemeine Kenntnisse über die politische Landschaft als auch spezifisches Wissen in Bereichen wie Finanzen, Recht und internationalen Beziehungen. Es ist die Aufgabe der Abgeordneten, Gesetzesvorlagen kritisch zu prüfen, Sachverständige zu befragen und diese Informationen zu verarbeiten, um fundierte Entscheidungen zu treffen.

Ein junger Mensch ohne Ausbildung oder Berufserfahrung hat schlichtweg weniger Gelegenheit, sich dieses Wissen anzueignen und zu verarbeiten.

Der Mangel an Fachwissen und Expertise kann dazu führen, dass Entscheidungen nicht im besten Interesse der Gesellschaft getroffen werden, sondern von einer unzureichenden Vorbereitung oder mangelhaften Kenntnis der Konsequenzen geprägt sind.

4. Reife und Verantwortung in der Politik

Politik bedeutet Verantwortung – Verantwortung für die Gesellschaft, für das Wohl der Menschen, die von den Entscheidungen betroffen sind, und für das Vertrauen, das den Abgeordneten entgegengebracht wird. Diese Verantwortung verlangt ein hohes Maß an Reife und die Fähigkeit, langfristig und über den eigenen Horizont hinaus zu denken.

Junge Menschen ohne eine solide Ausbildung und Berufserfahrung haben oft noch nicht die notwendige Reife und das nötige Verantwortungsbewusstsein entwickelt, um diese Last zu tragen. Der Bundestag erfordert nicht nur das Wissen, sondern auch die Weisheit, die richtige Entscheidung unter Berücksichtigung aller Faktoren zu treffen – eine Fähigkeit, die oft mit Lebens- und Berufserfahrung wächst.

Daher ist es unverantwortlich, dass die Grünen den Bundestag zunehmend mit jungen Menschen besetzen, die kaum über berufliche Erfahrungen verfügen und damit oft nicht die praktische Grundlage mitbringen, um fundierte Entscheidungen für die Gesellschaft zu treffen.

Ebenso kritisch ist die wachsende Belastung der Steuerzahler durch staatliche Förderungen für NGOs, deren Vertreter aufgrund mangelnder Sachkenntnis häufig nicht einmal vollständig verstehen, welche Konsequenzen ihr Handeln hat.

Politische Verantwortung erfordert Kompetenz, Erfahrung und ein klares Verständnis für die Auswirkungen von Entscheidungen – sowohl im Parlament als auch in zivilgesellschaftlichen Organisationen. Das blinde Vertrauen auf Idealismus allein genügt nicht, um den komplexen Herausforderungen gerecht zu werden, vor denen unsere Gesellschaft steht.

5. Politik ist kein Sprungbrett für unvorbereitete Karrieren

Die Politik sollte kein Sprungbrett für junge Menschen ohne die erforderliche Qualifikation sein. Die Verantwortung, die mit der Arbeit als Abgeordneter verbunden ist, sollte nicht als Gelegenheit für Selbstverwirklichung oder als Experiment genutzt werden.

Der Bundestag benötigt Menschen, die nicht nur politisch motiviert sind, sondern die auch die nötige Ausbildung und Erfahrung haben, um die tiefgreifenden Fragen des Landes zu beantworten und Lösungen zu finden, die der Mehrheit zugutekommen.

Politik erfordert Expertise, Verantwortung und Erfahrung

Junge Menschen ohne Abschluss und Berufserfahrung mögen in vielen Bereichen des Lebens eine wichtige Perspektive und wertvolle Ideen einbringen. In einem Bereich wie der Politik, in dem Entscheidungen langfristige Auswirkungen auf das Leben vieler Menschen haben, sind jedoch fundiertes Wissen und praktische Erfahrung unerlässlich.

Die komplexen Herausforderungen, die der Bundestag bewältigen muss, erfordern Menschen, die über die notwendige Ausbildung und Berufserfahrung verfügen, um eine verantwortungsvolle, fundierte und nachhaltige Politik zu gestalten.

Es ist wenig überraschend, dass Wählerinnen und Wähler irritiert reagieren, wenn junge grüne Abgeordnete des Bundestages Tanzvideos auf TikTok posten. Solche Aktionen erwecken den Eindruck, dass politische Verantwortung und Ernsthaftigkeit zugunsten von Selbstdarstellung und Unterhaltung in den Hintergrund treten.

Gerade von Mitgliedern des Bundestages, die in einer so zentralen Institution unseres Landes arbeiten, erwarten viele Bürgerinnen und Bürger ein Verhalten, das dem Gewicht ihres Amtes gerecht wird. Solche Auftritte mögen für eine junge Zielgruppe gedacht sein, doch sie werfen die Frage auf, ob dies der richtige Weg ist, um Vertrauen und Respekt gegenüber dem politischen Mandat aufzubauen.

Es liegt auf der Hand, dass Abgeordnete ohne Berufs- oder Studienabschluss bei vielen Menschen auf Skepsis stoßen, wenn es um ihre fachliche Kompetenz und Glaubwürdigkeit geht. Solche jungen Mandatsträger werden mit hohen Gehältern und vermeintlichem Einfluss in die Politik gelockt, doch die Frage bleibt: Was passiert, wenn die politische Karriere schneller endet, als sie begonnen hat?

Ohne fundierte Ausbildung oder Berufserfahrung könnte der Übergang ins normale Arbeitsleben nach einer Amtszeit im Bundestag schwierig werden. Vom Parlament an die Kasse eines Kaufhauses für den Mindestlohn – ein solches Szenario wirkt wie ein vorprogrammierter Absturz.

Diese Problematik zeigt, wie wichtig es ist, dass Politiker nicht nur Leidenschaft, sondern auch eine solide Basis an Wissen und praktischen Fähigkeiten mitbringen, um sowohl in ihrem Amt als auch darüber hinaus bestehen zu können.

Meine Damen, ich muss Sie enttäuschen, aber …

Es ist ein Mythos, dass Frauen die besseren Menschen sind – Beispiele aus der Geschichte, die uns eines Besseren belehren:

Die Vorstellung, dass Frauen von Natur aus moralisch überlegen oder „die besseren Menschen" seien, ist ein weit verbreiteter Glaube, der tief in traditionellen Geschlechterrollen verwurzelt ist. Dieser Mythos geht davon aus, dass Frauen von Natur aus empathischer, friedlicher und fürsorglicher sind als Männer.

Doch die Realität zeigt uns, dass diese Annahme nicht nur zu kurz greift, sondern auch historisch widerlegt werden kann. Frauen sind genauso fähig zu Machtmissbrauch, Grausamkeit und perfidem Handeln wie Männer. Der Blick in die Geschichte offenbart zahlreiche Beispiele, in denen Frauen eine erschreckende Rolle spielten, die weit entfernt von einem Bild der „besseren Menschlichkeit" war.

1. Bloody Mary (Maria I. von England)

Ein markantes Beispiel für eine Frau, die in ihrer Machtposition grausam und rücksichtslos agierte, ist Maria I. von England, besser bekannt als „Bloody Mary". Sie war die Tochter von Heinrich VIII. und Katharina von Aragon und regierte England von 1553 bis 1558. Maria I. versuchte, das katholische Glaubenssystem in England wiederherzustellen, nachdem ihr Vater die Kirche von Rom abgetrennt hatte, um seine Scheidung von Katharina zu vollziehen und die anglikanische Kirche zu etablieren.

Im Zuge ihrer Bestrebungen, den Katholizismus durchzusetzen, ließ Maria I. fast 300 Protestanten verbrennen, was ihr den Beinamen „Bloody Mary" einbrachte. Die brutalen Hinrichtungen, die oft öffentlich durchgeführt wurden, sind ein düsteres Kapitel der englischen Geschichte und ein drastisches Beispiel für Machtmissbrauch und religiöse Verfolgung durch eine Frau.

2. Katarina die Große von Russland

Auch in der russischen Geschichte finden sich Beispiele von Frauen, die nicht gerade durch moralische Überlegenheit auffielen. Katharina II., besser bekannt als Katharina die Große, herrschte von 1762 bis 1796 über Russland und ist eine der bekanntesten weiblichen Monarchinnen. Sie wird oft als eine große Reformerin und Förderin der Aufklärung angesehen, doch ihre Herrschaft war von Machtkämpfen und Brutalität geprägt.

Katharina setzte ihre Macht oft rücksichtslos ein. Sie ließ den Thron durch einen Staatsstreich übernehmen, bei dem ihr Ehemann, Peter III., abgesetzt und später unter mysteriösen Umständen gestorben wurde. Zudem führte sie zahlreiche Kriege, die auf Expansionspolitik abzielten, was zu vielen menschlichen Verlusten und Zerstörungen führte. Katharina selbst hatte eine Reihe von Liebhabern und beeinflusste die russische Politik durch diese Beziehungen, was ihren Machthunger und ihre skrupellose Suche nach Macht verdeutlicht.

3. Catherine de Medici

Catherine de Medici, die von 1547 bis 1559 als Königin von Frankreich regierte, ist ein weiteres Beispiel für eine Frau, die in ihrer politischen Laufbahn zu perfiden Methoden griff. Sie war die Ehefrau von Heinrich II. und Mutter von drei französischen Königen. Während ihrer Zeit als Regentin nach dem Tod ihres Mannes war sie in zahlreiche politische Intrigen und brutale Machtkämpfe verwickelt.

Ein besonders dunkles Kapitel ihrer Herrschaft war das Massaker an den Hugenotten im Jahr 1572, das während der Hochzeitsfeier zwischen ihrer Tochter Margarethe und Heinrich von Navarra (dem späteren Heinrich IV.) stattfand. Das Massaker führte zum Tod von Tausenden von Protestanten und war das Resultat einer vom Hof aus orchestrierten, rücksichtslosen Machtstrategie, die auf der

Vernichtung politischer Gegner basierte. Catherine de Medici zeigte damit, dass Frauen ebenso fähig zu politischer Grausamkeit und Manipulation sind wie ihre männlichen Pendants.

4. Elizabeth Báthory

Elizabeth Báthory, eine ungarische Adelige des 16. Jahrhunderts, ist berüchtigt für ihre Rolle in einer der schlimmsten Serienmordgeschichten der Geschichte. Sie wird oft als eine der produktivsten Serienmörderinnen aller Zeiten betrachtet. Báthory soll mehr als 600 junge Mädchen und Frauen gefoltert und ermordet haben, und es wird behauptet, dass sie glaubte, durch das Blut junger Frauen ihre Jugend zu bewahren. Ihre Grausamkeit und ihre scheinbar psychotischen Taten haben sie zu einer legendären Figur des Wahnsinns und des Verbrechens gemacht.

Die Geschichte von Elizabeth Báthory zeigt auf erschreckende Weise, dass Frauen in Machtpositionen ebenso zu extremen Taten fähig sind wie Männer, und dass Schönheit und aristokratische Herkunft keine Garantie für moralisches Verhalten sind.

Fazit:

Frauen sind keine „besseren Menschen"

Die Geschichte zeigt uns, dass Frauen genauso in der Lage sind, Grausamkeit, Machtmissbrauch und perfides Verhalten an den Tag zu legen wie Männer. Der Mythos von den „besseren Frauen" basiert auf veralteten, idealisierten Vorstellungen und verkennt die Realität, dass Menschen, unabhängig von ihrem Geschlecht, die gleichen Fähigkeiten zur Macht und zur moralischen Fehlbarkeit besitzen.

Ob durch religiöse Verfolgung, brutale Machtpolitik oder perfide Verbrechen – die oben genannten Beispiele verdeutlichen, dass

Frauen ebenso in der Lage sind, aus egoistischen oder machtpolitischen Gründen grausame Entscheidungen zu treffen. Ein realistischer Blick auf die Geschichte zeigt uns, dass das Geschlecht keine Rolle spielt, wenn es darum geht, in der Politik oder im Leben die moralischen Grenzen zu überschreiten.

Frauen im Hintergrund: Wie sie ihre Männer und ihr Umfeld manipulierten

In der Geschichte finden sich zahlreiche Beispiele von Frauen, die zwar nicht immer an vorderster Front der Macht standen, aber dennoch in der Lage waren, das Geschehen hinter den Kulissen zu beeinflussen und ihre Männer oder das politische Umfeld zu manipulieren. Diese Frauen verstanden es, durch subtile, aber äußerst wirkungsvolle Mittel, ihre Macht zu sichern, Entscheidungen zu lenken und die Welt um sie herum zu formen, auch wenn sie nicht direkt auf den Thronen oder in den Parlamenten saßen. Ihre Manipulationen waren oft nicht offensichtlich, doch ihre Fähigkeit, im Hintergrund zu agieren, machte sie zu meisterhaften politischen Akteurinnen.

1. Kleopatra VII. von Ägypten

Kleopatra ist ein ikonisches Beispiel für eine Frau, die ihre Männer und politischen Gegner meisterhaft manipulierte, um ihre eigene Macht zu sichern. Obwohl sie offiziell als Königin von Ägypten regierte, war ihre wahre Macht oft nicht diejenige eines traditionellen Herrschers, sondern die einer politischen Strategin, die es verstand, Männer wie Julius Caesar und später Mark Anton in ihre Fänge zu locken. Ihre Beziehungen zu beiden römischen Generälen waren mehr als nur persönliche Affären; sie waren strategische Züge, die Kleopatra halfen, Ägypten gegen die wachsende römische Einflussnahme zu verteidigen.

Kleopatra hatte die Fähigkeit, ihre Umgebung zu beeinflussen, indem sie geschickt ihre Reize, ihr Wissen und ihre Verführungskraft einsetzte. Sie war nicht nur eine charmante Herrscherin, sondern auch eine geschickte Diplomatin, die in der Lage war, das Machtgefüge der damaligen Welt zu ihren Gunsten zu manipulieren, ohne je selbst den direkten Weg an die Spitze der römischen Macht zu suchen.

2. Catherine de Medici

Catherine de Medici, die Mutter dreier französischer Könige, ist ein weiteres Beispiel einer Frau, die die Macht im Hintergrund ausübte. Sie agierte als Regentin und hatte maßgeblichen Einfluss auf die Politik Frankreichs im 16. Jahrhundert. Obwohl sie selbst nie den Thron bestieg, führte sie die politischen Geschicke des Landes durch ihre Söhne und eine Reihe politischer Allianzen. Besonders während der Hugenottenkriege zeigte Catherine ihre manipulativen Fähigkeiten, indem sie sowohl Katholiken als auch Protestanten gegeneinander ausspielte, um ihre eigenen Interessen zu wahren.

Einer ihrer bekanntesten politischen Schachzüge war die Organisation des Massakers an den Hugenotten in der Nacht der Bartholomäusnacht 1572. Diese Handlung war ein perfider Versuch, die Macht der Protestanten zu schwächen und die katholische Herrschaft zu sichern. Sie manipulierte nicht nur ihre Söhne, sondern auch ihre politischen Verbündeten, um ihre Ziele zu erreichen – alles im Hintergrund, ohne die unmittelbare Verantwortung für die Gewalttaten zu übernehmen.

3. Lady Macbeth (Shakespeare's Drama)

Obwohl Lady Macbeth eine literarische Figur aus Shakespeares Tragödie „Macbeth" ist, ist sie ein hervorragendes Beispiel für eine Frau, die hinter den Kulissen die Fäden zieht und ihren Ehemann zur Machtergreifung manipuliert. In der Tragödie nutzt Lady

Macbeth ihre Intelligenz und ihren Einfluss, um Macbeth zu überreden, den König zu ermorden und den Thron zu übernehmen. Sie ist nicht nur die treibende Kraft hinter den Verbrechen, sondern auch diejenige, die Macbeths Zweifel überwindet und ihm dabei hilft, die moralischen Hürden zu überwinden.

Lady Macbeths manipulative Fähigkeiten sind beeindruckend, da sie ihre männliche Autorität zu ihrem Vorteil nutzt, um ihre eigenen Ambitionen zu verwirklichen. Sie spielt mit Macbeths Ängsten und Ambitionen, indem sie ihn mit ihrer Entschlossenheit und ihrem Mut in den Abgrund zieht, während sie selbst im Hintergrund bleibt.

4. Lucrezia Borgia

Lucrezia Borgia, eine italienische Adelige des 15. Jahrhunderts, ist ein weiteres Beispiel einer Frau, die die Macht hinter den Kulissen ausübte und dabei geschickt ihre Familie und ihre Umgebung manipulierte.

Als Tochter von Papst Alexander VI. und Schwester von Cesare Borgia, einem der berüchtigtsten Männer der italienischen Renaissance, spielte Lucrezia eine Schlüsselrolle in den politischen Intrigen und den Machtkämpfen ihrer Familie.

Obwohl sie offiziell keine bedeutende politische Macht innehatte, war Lucrezia in zahlreichen Verschwörungen und Heiratsallianzen involviert, die ihrem Familienclan zugutekamen. Ihre Heiraten wurden strategisch arrangiert, und sie verstand es, ihre Ehemänner, Familienangehörigen und politischen Verbündeten zu beeinflussen, um ihre eigenen Ziele zu erreichen.

Die Borgia-Familie war berüchtigt für ihre Manipulationen, und Lucrezia war eine der stillen Akteurinnen, die ihre Macht im Hintergrund ausübte.

5. Empress Dowager Cixi

Die Kaiserinwitwe Cixi von China ist ein weiteres eindrucksvolles Beispiel für eine Frau, die hinter den Kulissen die Zügel der Macht in der Qing-Dynastie fest in der Hand hielt. Sie war ursprünglich nur die Nebenfrau eines Kaisers und wurde später die Mutter des Thronfolgers, doch Cixi gelang es, sich gegen die Männer des Kaiserhofs durchzusetzen und 47 Jahre lang die wahre Herrscherin Chinas zu bleiben – zunächst als Regentin für ihren Sohn, den Kaiser, und später für ihren Enkel.

Cixi nutzte ihre Position, um ein politisches Netzwerk zu bilden und ihre politischen Gegner auszuschalten. Sie verstand es, Machtstrukturen zu manipulieren, die Männer um sie herum zu beeinflussen und ihre eigene Rolle als unangefochtene Machthaberin zu festigen, ohne selbst öffentlich an der Spitze zu stehen. Ihre Manipulationen und strategischen Züge halfen ihr, China durch eine Vielzahl politischer und sozialer Umbrüche zu navigieren.

Fazit: Frauen im Hintergrund – Meisterinnen der Manipulation

Ob in der Politik, in literarischen Darstellungen oder in der Realität – Frauen haben immer wieder ihre Fähigkeiten unter Beweis gestellt, hinter den Kulissen zu agieren und ihre Umgebung durch subtile Manipulationen zu beeinflussen. Diese Frauen haben nicht nur ihre Männer und Verbündeten manipuliert, sondern auch das gesamte politische und gesellschaftliche Umfeld geprägt. Ihre Macht war oft nicht die sichtbare und direkt ausgeübte Macht, sondern die stille, aber dennoch äußerst effektive Kontrolle im Hintergrund.

Dies zeigt, dass Frauen, obwohl sie oft nicht direkt an der Spitze der Macht standen, dennoch in der Lage waren, das Geschehen maßgeblich zu lenken und die Geschichte zu beeinflussen.

Gerade in der heutigen Zeit, erleben wir immer häufiger Frauen in Politik und Medien, die ihre Machtposition auf erschreckend perfide Weise ausnutzen. Mit geschicktem Kalkül und einer kaum verhohlenen Agenda werden Wahrheiten verdreht, Fakten zurechtgebogen und das eigene Volk bewusst getäuscht – alles natürlich im Namen der „guten Sache". Doch dieser moralische Anspruch, stets auf der vermeintlich „richtigen Seite" zu stehen, dient oft weniger der Sache selbst als vielmehr der eigenen Inszenierung und Machtabsicherung.

Diese Entwicklung ist nicht nur enttäuschend, sondern auch gefährlich. Sie untergräbt das Vertrauen der Bevölkerung in die Integrität und Glaubwürdigkeit jener Frauen, die eigentlich als Vorbilder dienen sollten. Manipulation und Propaganda – egal wie edel die Verpackung erscheinen mag – sind Gift für eine demokratische Gesellschaft. Noch gravierender wird es, wenn gerade diejenigen, die für Fortschritt und Gleichberechtigung eintreten sollten, am Ende nur ihre eigenen Interessen verfolgen und dabei bereit sind, die Wahrheit auf dem Altar der Selbstvermarktung zu opfern.

Ein solcher Machtmissbrauch trägt dazu bei, dass die Stimme von Frauen, die wirklich Veränderung bewirken wollen, in einem Chor aus Lügen und Eigeninteressen untergeht. Es ist höchste Zeit, dass sich auch Frauen ihrer Verantwortung bewusst werden: Macht bedeutet nicht, andere zu manipulieren oder Wahrheiten zu verdrehen, sondern mit Integrität und Ehrlichkeit zu führen. Denn nur so können sie den Respekt zurückgewinnen, den sie oft zu Recht einfordern – und den sie nicht durch solche Taktiken verspielen dürfen.

Wenn moralische Überlegenheit als Rechtfertigung für Täuschung und Einseitigkeit herangezogen wird, wird der öffentliche Diskurs zum reinen Machtspiel, und die demokratische Kultur bleibt auf der Strecke. Ein solches Vorgehen, „auf Teufel komm raus" und ohne Rücksicht auf langfristige Folgen, schadet letztlich allen.

Angesichts solcher Entwicklungen verwundert es kaum, dass immer mehr Stimmen laut werden, die eine Abschaffung der GEZ-Gebühren fordern. Viele Bürgerinnen und Bürger fühlen sich von den öffentlich-rechtlichen Sendern nicht mehr ausreichend repräsentiert und kritisieren eine einseitige Berichterstattung, die oft ideologisch gefärbt erscheint.

Die ursprüngliche Idee der Rundfunkgebühren war, eine unabhängige, neutrale und ausgewogene Berichterstattung zu garantieren. Doch wenn der Eindruck entsteht, dass diese Grundsätze zunehmend vernachlässigt werden, ist es nur logisch, dass der Unmut wächst. Die Forderung nach einer Reform oder sogar Abschaffung der Rundfunkgebühren ist daher nicht nur Ausdruck von Frustration, sondern auch ein Signal, dass das Vertrauen in die Medienlandschaft auf dem Spiel steht.

Feministin zu sein, ist kein automatischer Beweis dafür, auf der moralisch besseren Seite zu stehen. Wie bei jeder Ideologie oder Bewegung hängt die tatsächliche moralische Integrität nicht von der Zugehörigkeit zu einem bestimmten Lager ab, sondern von den Handlungen, Überzeugungen und der Fähigkeit, respektvoll und differenziert mit anderen Meinungen umzugehen.

Moralische Überlegenheit kann nicht durch Etiketten oder Zugehörigkeiten beansprucht werden – sie zeigt sich in Taten, im Umgang mit anderen und in der Bereitschaft, kritische Selbstreflexion zu üben. Jede Haltung, die andere herabsetzt oder pauschal verurteilt, steht dem eigentlichen Anliegen einer offenen und gerechten Gesellschaft entgegen, unabhängig davon, unter welchem Banner sie geführt wird.

Zusammenfassung

Erleben wir genau dies nicht heute auch wieder in der Politik und in den Medien? Frauen kleben an ihren Stühlen fest, obwohl sie eigentlich längst ein Fall für den Verfassungsschutz oder den Richter wären. Ich erinnere nur an den Pfizer-Skandal von Ursula von der Leyen, der Chefin der EU-Kommission, der immer noch nicht aufgeklärt ist. Innenministerin Faeser glänzt mit einem Rundumversagen, wenn es um die Sicherheit in Deutschland geht.

Und Claudia Roth? Der Vorzeige-Fan von bunter Vielfalt und Diversität ruft öffentlich zu Hass und Hetze gegen eine demokratisch gewählte Partei auf – nur weil ihr deren Meinungen nicht passen. Vetternwirtschaft, Korruption, Fehlentscheidungen an allen Ecken und Kanten – aber Hauptsache, die Kette sitzt perfekt und die Frisur hält.

Natürlich könnte man meinen, Frauen in Führungspositionen wären ein Garant für mehr Empathie, Gerechtigkeit und moralische Integrität. Das Problem ist nur: Frauen sind Menschen. Und Menschen machen Fehler. Große Fehler. Manchmal sogar in Serie, wie die Netflix-Staffel "Politischer Albtraum".

Wenn wir einen Blick in die Geschichte werfen, wird schnell klar: Auch Frauen haben Blut an den Händen. Lucrezia Borgia war nicht gerade dafür bekannt, zur Klärung von Streitigkeiten einen Tee anzubieten. Katharina die Große mag Russland modernisiert haben, aber ihre politischen Gegner hätten sich wohl gewünscht, sie hätte stattdessen Strickkurse besucht.

Und was wäre eine Diskussion über moralische Fehltritte ohne Marie Antoinette, die mit einem einzigen Satz den Hunger ihres Volkes zum Modephänomen erklärte?

Selbst in moderneren Zeiten zeigt sich: Frauen in Machtpositionen können genauso machtversessen, skrupellos und eigennützig sein wie ihre männlichen Kollegen. Der Mythos von der sanften, altruistischen Frau bröckelt schneller als ein Schokoladenkeks im Kaffee.

Doch vielleicht liegt das Problem gar nicht bei den Frauen selbst. Vielleicht haben wir alle gemeinsam ein viel zu romantisches Bild von weiblicher Führungskraft gemalt. Die Wahrheit ist, dass Macht Menschen verändert – unabhängig vom Geschlecht. Die Krone der Moral passt nun mal keinem Kopf so richtig.

Aber bevor Sie jetzt glauben, ich würde Frauen generell für unfähig oder korrumpierbar erklären, beruhigen Sie sich: Männer stehen diesem Ruf in nichts nach. Vielleicht sollten wir uns alle mal fragen, ob es nicht die Macht selbst ist, die korrumpiert – egal, ob derjenige, der sie trägt, High Heels oder Herrenschuhe bevorzugt.

Feminismus und unkontrollierte Migration

Magdeburg und viele andere Städte in Deutschland sind heute Zeugen der Auswirkungen einer unkontrollierten Migrationspolitik, die nicht nur soziale und kulturelle Spannungen verstärken kann, sondern auch die Infrastruktur und das gesellschaftliche Gefüge herausfordert. In Magdeburg, wie in anderen Regionen, sind die Herausforderungen der Integration von Migrantengruppen zunehmend spürbar – sei es in Form von höheren Belastungen für das Bildungssystem, steigenden Kosten im Sozialbereich oder zunehmenden Spannungen sowie ausufernde Gewalt.

Die unkontrollierte Zuwanderung hat nicht nur wirtschaftliche und soziale Auswirkungen, sondern auch politische Folgen. In vielen Städten wachsen Ängste und Unsicherheiten, was das Zusammenleben betrifft, besonders wenn das Gefühl entsteht, dass der Staat nicht ausreichend auf die Integration der Neuankömmlinge vorbereitet ist.

Es wird immer klarer, dass die grüne Migrationspolitik kläglich gescheitert ist. In Städten wie Magdeburg müssen Lösungen gefunden werden, die sowohl den Bedürfnissen der einheimischen Bevölkerung als auch der Migrantengruppen gerecht werden, um ein harmonisches und funktionierendes Miteinander zu fördern.

Magdeburg, Solingen, Mannheim und die jüngsten Silvesterausschreitungen in Berlin sind mahnende Zeugen dafür, dass die grüne Ideologie „Deutschland soll bunter werden, und wir freuen uns darauf" kläglich gescheitert ist. Dieses moralische Versagen, den Blick über den eigenen Tellerrand hinaus zu wagen, wird auf dem Rücken unschuldiger Bürger ausgetragen. Selbst der tragische Tod eines Kindes in Magdeburg hält die Linken nicht davon ab, der AfD die Verantwortung für ihr eigenes Versagen zuzuschreiben. Orwell lässt grüßen. Peter Scholl-Latour brachte das Asyl- und Migrationsproblem Europas einmal treffend auf den Punkt: „Wer halb Kalkutta aufnimmt, hilft nicht etwa Kalkutta, sondern wird selbst zu Kalkutta."

Die erschreckende Zunahme von Gewalttaten und Vergewaltigungen seit 2015, die durch Polizei-Statistiken belegbar ist, wird von rotgrünen Politikern vehement bestritten. Statt sich mit der Frage auseinanderzusetzen, wie man dieser Gewalt wieder Herr werden kann, sorgt man sich eher darüber, dass die Namensliste der Krawallbrüder der Silvesternacht in Berlin veröffentlicht wurde.

Doch der lauteste Protest kommt von linken Feministinnen. Diese Haltung wirft Fragen auf: Geht es ihnen wirklich um die Unterdrückung von Frauen? Wenn dem so wäre, würden sie dann nicht eher für die Vergewaltigungsopfer und nicht für die Täter in die Bresche springen?

Diese Diskrepanz zwischen Rhetorik und Handlung könnte kaum deutlicher sein: Während die Zahlen zu Gewalt gegen Frauen, darunter erschütternde Fälle von Gruppenvergewaltigungen, seit 2015 in alarmierendem Maße gestiegen sind, bleibt das Mantra von Vielfalt und Diversität für Politikerinnen wie Claudia Roth und Katrin Göring-Eckardt unerschütterlich. Man fragt sich: Wie kann man im Angesicht solcher Entwicklungen mit stoischer Miene weiter die Regenbogenflagge schwenken und dabei die Opfer dieser Gewalt vollkommen ignorieren?

Es ist, als würde man ein brennendes Haus mit Blumen dekorieren und hoffen, dass die Flammen von allein verschwinden. Eine wahrhaft feministische Haltung müsste sich kompromisslos an die Seite der Frauen stellen, die durch importierte Gewaltkulturen leiden – egal, welche Hautfarbe oder Herkunft der Täter hat. Stattdessen werden die Opfer fast schon zynisch auf dem Altar der politischen Korrektheit geopfert, während die Täter unter dem Deckmantel von "kultureller Bereicherung" geschützt werden.

Dass gerade grüne Politikerinnen, die sich stets als Speerspitze des Feminismus präsentieren, diese Gewalt relativieren oder ignorieren, ist mehr als unverständlich – es ist ein Schlag ins Gesicht all jener Frauen, die tagtäglich unter dieser Brutalität leiden. Denn was nützt es, lautstark gegen den „Patriarchen" zu kämpfen, wenn man gleichzeitig Gewalt importiert, die Frauen in ihrer Sicherheit und Freiheit massiv bedroht?

Es scheint, als würde die politische Agenda über das reale Leid gestellt – eine Haltung, die mit Feminismus so viel zu tun hat wie ein Fisch mit Fahrradfahren. Die wahren Probleme, die Frauen in Deutschland treffen, werden mit schönfärberischen Phrasen kaschiert, während die Betroffenen alleine gelassen werden. Ein echter Einsatz für Frauenrechte müsste Prioritäten setzen, klare Kante zeigen und sich nicht vor der unbequemen Wahrheit verstecken: Dass Diversität nicht automatisch Sicherheit bedeutet – und dass die Rechte und die Würde von Frauen über ideologische Träumereien gestellt werden müssen. Aber nein, statt sich den realen Problemen zu stellen, wird lieber die AfD bekämpft, als ginge es darum, den Leibhaftigen persönlich auszutreiben. Dabei war es doch eben jene „böse und rechte" Partei, die schon 2015 den Finger in die Wunde gelegt hat und vor den Konsequenzen einer unkontrollierten Einwanderung warnte. Aber was ist schon eine klare Analyse, wenn man stattdessen in moralischer Überlegenheit schwelgen und sich im Dagegensein profilieren kann?

Sich jedoch als Feministin zu inszenieren, während man die eigenen Geschlechtsgenossinnen im Stich lässt, ist schon ein besonders schäbiges Kunststück. Es ist wie ein Feuerwehrmann, der zwar stolz in Uniform durch die Stadt marschiert, aber dann panisch wegrennt, sobald es tatsächlich irgendwo brennt. In diesem Fall brennt es lichterloh – nicht in der Theorie, sondern in der Realität. Aber warum helfen, wenn man stattdessen Plattitüden über „Willkommenskultur" rezitieren und sich in diversitätsfreundlichen Selfies sonnen kann?

Das Narrativ ist klar: Hauptsache, die AfD wird verteufelt, auch wenn diese mit ihren unbequemen Prognosen – so unschön, das für manche klingen mag – oft näher an der Wahrheit lag als all die Schönredner*innen. Dass die gleichen Politikerinnen, die sich sonst unermüdlich für Frauenrechte stark machen, plötzlich schweigen, wenn diese Rechte von importierter Gewalt bedroht werden, ist nicht nur ironisch, sondern auch zutiefst heuchlerisch.

Natürlich ist es einfacher, die AfD als Sündenbock hinzustellen, als sich mit der Frage zu beschäftigen, ob man vielleicht selbst Fehler gemacht hat. Ideologischer Starrsinn ist schließlich gemütlicher als Selbstreflexion. Aber wie sagt man so schön: Wer in den Spiegel schaut, sieht oft Dinge, die er lieber nicht sehen will – also lieber den Spiegel ignorieren und weiter auf die AfD schimpfen. Logik war gestern, heute zählt die Haltung.

Ach, wie schön ironisch das doch ist: Die CDU, die unter Merkel maßgeblich für das Migrations-Debakel verantwortlich war, schwenkt nun langsam auf Positionen um, die vor einigen Jahren noch als „rechtsextrem" galten, weil sie von der AfD kamen. Man kann förmlich den Schweiß der Selbstüberwindung riechen, während Merz und Co. plötzlich über Begrenzung, Kontrolle und sichere Grenzen reden. Aber keine Sorge, die Brandmauer steht natürlich noch – schließlich spielt man nicht mit den „rechten Schmuddelkindern". Kindergarten? Aber sicher doch! Nur fehlt noch der Sandkasten, in dem sich Merz mit den anderen Vorsitzenden Streicheleinheiten für „gute Haltung" verteilt.

Und dann dieses epische Schauspiel im Bundestag: AfD-Mitglieder werden gemieden, als hätten sie die Pest. Nicht mal ein „Guten Morgen" wird ihnen gegönnt, denn wer weiß, vielleicht färbt das ja ab! Was für ein tapferes Statement – bloß kein freundliches Wort, sonst denkt noch jemand, man hätte einen Anstand. Dabei wäre es wirklich mal erfrischend, wenn einer der übrigen Parlamentarier den Mut hätte, wenigstens zuzugeben, dass man politische Gegner auch wie Menschen behandeln kann, ohne die eigene Ideologie zu verraten. Aber nein, lieber wird demonstrativ ignoriert und kollektiv die Nase gerümpft, als wäre Höcke persönlich für den Zustand der deutschen Klimaanlagen verantwortlich.

Merz, mit seiner Brandmauer im Gepäck, wirkt dabei wie ein Kind, das mit ausgestrecktem Arm „Nein, du bist doof!" ruft, während es heimlich die Spielzeuge seines Gegenübers nachbaut. Man kann fast den inneren Konflikt hören: „Wir wollen doch eigentlich dasselbe sagen, aber bloß nicht in den gleichen Worten! Das wäre ja... pfui!"

Es ist schon fast bewundernswert, wie konsequent inkonsequent die CDU mittlerweile agiert. Einerseits den Kurs kopieren, andererseits auf Distanz machen – das ist politischer Spagat auf Weltklasseniveau. Nur blöd, dass die Zuschauer im Publikum langsam die Geduld verlieren. Denn während die CDU ihre tänzerischen Verrenkungen vollführt, sitzt die AfD ruhig da und denkt sich: „Danke für die Gratis-Werbung."

Und dann ist da natürlich noch die Schmierenkomödie mit dem grünen Wirtschaftsminister, unserem allseits beliebten Robert Habeck, der – wie wir inzwischen alle wissen – bewundernswerte Pionierarbeit darin leistet, ein Industrieland auf Diät zu setzen. Unter seiner Führung geht es mit Deutschland so rasant den Bach runter, dass man sich fragt, ob irgendwo ein Kanu für die Wirtschaft bereitsteht. Merz und Söder sind sich immerhin einig: Als Wirtschaftsminister taugt Habeck nicht. Wäre ja auch absurd, wenn man jemanden, der von Marktwirtschaft etwa so viel versteht wie ein Pinguin vom Fliegen, in dieser Position lassen würde, oder?

Aber halt, nicht so schnell! Denn Merz, der ewig pragmatische Machtstratege, lässt plötzlich verlauten, dass er *vielleicht* doch nicht abgeneigt wäre, Habeck erneut als Wirtschaftsminister einzusetzen, *wenn* er selbst Kanzler wird. Was für ein Plot-Twist! Da reibt man sich doch verwundert die Augen und fragt sich: Hat Merz das

Drehbuch von „Deutschland 2: Der Untergang Reloaded" gelesen und beschlossen, gleich eine Gastrolle zu übernehmen?

Man könnte fast meinen, Merz habe heimlich eine Leidenschaft für politischen Masochismus entwickelt. Oder aber – und das wäre eine noch viel spannendere Theorie – Merz mag Deutschland schlichtweg nicht. Anders lässt sich doch kaum erklären, warum er sich ausgerechnet den Mann als Wirtschaftskomplizen aussuchen würde, der Energiekosten in astronomische Höhen getrieben und die Industrie in die Knie gezwungen hat.

Vielleicht denkt Merz ja, dass ein bisschen Chaos genau das ist, was dieses Land braucht, um endlich mal aufzuwachen. Ein Wirtschaftsminister, der kein Konzept hat, gepaart mit einem Kanzler, der sich nicht entscheiden kann, was er eigentlich will – das klingt doch wie der Stoff, aus dem Albträume für Steuerzahler gemacht sind. Aber hey, Hauptsache, die Brandmauer bleibt stehen. Denn wenn Deutschland schon untergeht, dann wenigstens mit Haltung!

Vielleicht ist Merz ja auf etwas ganz Großes gestoßen: die Macht der Sympathiepunkte bei den linken und grünen Feministinnen. Schließlich kommt Habeck bei diesem Klientel erstaunlich gut an, trotz – oder vielleicht gerade wegen – seiner chaotischen Amtsführung. Man könnte fast meinen, hier wirkt ein besonders bizarrer Magnetismus. Es scheint, als hätten manche Frauen tatsächlich einen Hang zu Narzissten und Chaoten. Anders lässt sich dieser Wahnsinn nicht erklären.

Aber Halt, das Phänomen ist ja nicht neu! Schon früher haben Frauen weltweit eine unerklärliche Sympathie für Straftäter entwickelt. Denken wir an die Fanpost, die verurteilte Schwerverbrecher in rauen Mengen erhalten, oder an Frauen, die sich Hals über Kopf in Serienkiller verlieben, während diese gerade lebenslänglich absitzen. Offenbar gibt es da eine gewisse Faszination für Männer, die nicht nur außerhalb der Konventionen, sondern auch außerhalb der Gesetze agieren.

Habeck mag jetzt nicht direkt mit einem Bankräuber oder Kidnapper zu vergleichen sein – dafür hat er vermutlich zu wenig Organisationstalent – aber das Prinzip bleibt ähnlich. Da steht er mit seinem verlegenen Lächeln, murmelt irgendwas von "Transformation" und "neuer Normalität", während hinter ihm die Wirtschaft in Flammen aufgeht. Und trotzdem: Ein Teil der weiblichen Wählerschaft scheint ihm dafür zu applaudieren. Vielleicht liegt es an seiner ungekämmten Haartolle oder der leicht verpeilten Art, die man mit Intellekt verwechselt.

Merz, der alte Stratege, hat das offenbar durchschaut. Warum sonst würde er darüber nachdenken, Habeck mitzuziehen? Vielleicht hofft er, dass ein bisschen von diesem mysteriösen "Bad Boy"-Charme auf ihn abfärbt. Denn wer könnte ihm schon widerstehen, wenn er als Kanzler plötzlich mit einem Grünen im Schlepptau auftaucht? Es ist das politische Äquivalent zu „Ich kann ihn ändern" – nur dass diesmal nicht die romantische Partnerin, sondern das gesamte Land diesen riskanten Versuch aushalten muss.

Am Ende bleibt nur eine Frage offen: Gibt es eigentlich irgendwo eine Selbsthilfegruppe für Wähler*innen, die regelmäßig von charismatischen Chaoten in den Wahnsinn getrieben werden? Wenn nicht, wäre es langsam Zeit, eine zu gründen. Denn es ist doch irgendwie schizophren, dass Frauen, die sich so vehement wie die Grünen für Gleichberechtigung einsetzen, einer Person mit Penis wie Habeck, auf den Leim gehen.

Wirklich, wie kommt es, dass ausgerechnet die Vertreterinnen der Partei, die sich als fortschrittlich und kämpferisch für die Rechte der Frauen präsentiert, plötzlich in einer Beziehung mit einem Mann stehen, dessen politische Bilanz so viel Verantwortungslosigkeit ausstrahlt, dass sie auf keiner feministischen Checkliste einen Platz finden würde? Ein Politiker, der von einem Krisenmanagement zum nächsten taumelt und das Land in einem Zustand hinterlässt, der selbst den besten Therapeuten ratlos zurücklassen würde – und trotzdem erhält dieser Herr ein derartiges Wohlwollen, dass es fast schon ein Wunder ist.

Vielleicht liegt es an seiner Art, die Welt zu retten, die irgendwie so ... verführerisch naiv klingt. Frauen lieben eben den Mythos des chaotischen, aber gutmeinenden Retters – oder ist das vielleicht die Zeit, in der ein bisschen mehr Realität gefragt wäre? Denn wenn feministische Ideale so leicht an einer populären Fassade abprallen, dass sie nicht mal erkennen, dass der Mann, den sie umarmen, in Wahrheit nur ein weiterer Narzisst mit ambitioniertem Plan für den Untergang ist, dann wird's gefährlich für den Fortschritt. Aber keine Sorge, wir können alle weitermachen, als ob es nicht passiert wäre. Vielleicht trifft man sich ja beim nächsten Grünen Kongress zu einer emotionalen Wiedervereinigung mit Habeck – bei der Selbsthilfegruppe!

Ach, jetzt ergibt alles einen Sinn! Vielleicht hat Friedrich Merz tatsächlich nur einen ganz speziellen Auftrag von Klaus Schwab persönlich bekommen: „Halte meinen Lieblings-Ideologen bei der Stange, egal, was passiert." Schließlich braucht jede Weltuntergangsvision ihre treuen Apostel, und Habeck ist in dieser Rolle doch geradezu perfekt. Mit seinem leicht entrückten Blick und den verschwurbelten Reden über „Transformation" könnte er glatt als Schwabs persönlicher Evangelist durchgehen – quasi Johannes der Offenbarung des Great Reset.

Und Merz? Der hat vielleicht längst seinen persönlichen Deal mit dem globalen Chefideologen abgeschlossen. Denn wer würde sich sonst freiwillig so einen Klotz ans Bein binden? Merz als Kanzler, Habeck weiterhin als Wirtschaftsminister – das klingt wie eine Netflix-Serie, die in der Kategorie „Politik-Dystopien" unter der Rubrik *Schadenfreude* läuft. Ein echter Publikumsliebling, zumindest für jene, die den Luxus haben, zuzusehen, wie Deutschland immer weiter ins Chaos stürzt.

Aber hey, vielleicht denkt Merz auch strategisch: Wenn Habeck in der Regierung bleibt, kann Schwab beruhigt seine Agenda weiter durchziehen, während Merz sich als loyaler Partner der globalen Elite etabliert. Ein Mann wie Merz weiß schließlich, wie man sich nach oben arbeitet – erst in der Finanzwelt, dann in der Politik, und am Ende vielleicht noch ins Führungsgremium von irgendeinem weltbeherrschenden Think Tank.

Die Idee, dass Merz nicht aus Überzeugung handelt, sondern schlicht einen Telefonanruf aus Davos bekommen hat, ist jedenfalls eine Erklärung, die so absurd ist, dass sie schon wieder plausibel wirkt. „Friedrich, mein Junge", könnte Schwab gesagt haben, „Robert ist wichtig für die Vision. Ohne ihn fehlt das Gesicht der Klimakatastrophe. Pass auf, dass er uns nicht wegläuft!" Und Merz, stets loyal, nickt artig und denkt sich: „Na gut, dann halt noch ein bisschen Habeck."

Ob das die beste Strategie für Deutschland ist, steht auf einem anderen Blatt. Aber was zählt das schon, wenn die Weltbühne ruft? Vielleicht sehen wir die beiden ja bald gemeinsam in Davos, Hand in Hand, während sie eine Hymne auf den Great Reset singen. Schließlich: Was ist schon nationale Politik, wenn man global denken kann?

Ein weiterer Aspekt, warum gerade die AfD mit allen Mitteln bekämpft wird, lässt sich nicht nur mit politischer Ideologie beantworten, sondern könnte auch mit globalen wirtschaftlichen und geopolitischen Interessen in Verbindung stehen. In diesem Zusammenhang sei zu erwähnen, dass bestimmte politische Eliten und Organisationen, wie das Weltwirtschaftsforum (WEF), Einfluss auf die Gestaltung von Migrationspolitik ausgeübt haben. Mit ihrer Idee „Business Case for Migration" - Migration als potenzieller Treiber von

Arbeitskräften, Konsum und wirtschaftlichem Wachstum. Im Klartext: Migration ist gut fürs Geschäft!

Ein Experiment auf Kosten vieler unschuldiger Menschen, das den wirtschaftlichen Interessen multinationaler Unternehmen und globaler Netzwerke zugutekommen soll.

Ist die Förderung der Migration Teil eines größeren Plans, von dem nicht nur die wirtschaftlichen Eliten profitieren, sondern auch politische Strukturen, die eng mit diesen Netzwerken verflochten sind. Dessen erster Punkt auf der To Do Liste für Regierende darin besteht, Parteien, die sich gegen diese wirtschaftlichen und politischen Interessen stellen – wie etwa die AfD –, mit allen Mitteln zu bekämpfen.

Wenn man an die Rede der linken Feministin Ursula von der Leyen denkt, die sie vor einer Vielzahl von Gästen in Davos gehalten hat, scheint sich eine weitere Verschwörungstheorie erfüllt zu haben. Sie erklärte, „Wir werden diejenigen sein, die die Weltordnung zu einer besseren hin formen!" Interessant ist dabei, dass Ursula von der Leyen, bevor sie als Präsidentin der Europäischen Kommission in Brüssel tätig wurde, im Vorstand des Weltwirtschaftsforums (WEF) unter der Leitung von Klaus Schwab saß. Diese Verknüpfung wirft Fragen auf, insbesondere im Hinblick auf die globalen politischen und wirtschaftlichen Einflussnahmen, die auf Veranstaltungen wie dem WEF diskutiert und beschlossen werden.

Sollten wir uns da nicht auch fragen, wo plötzlich die starke Fokussierung auf den Feminismus herkommt? Es scheint, als würden Baerbock, von der Leyen, Merkel und all diese selbsternannten Feministinnen nach der Pfeife eines „alten weißen Mannes" tanzen – nämlich Klaus Schwab, dem Gründer des Weltwirtschaftsforums. Diese Verbindungen werfen Fragen auf, vor allem wenn man bedenkt, wie stark der Feminismus mittlerweile in der politischen Agenda verankert ist, während gleichzeitig die Machtstrukturen, die hinter diesen politischen Akteurinnen stehen, kaum infrage gestellt werden. Ist dies wirklich ein Engagement für die Rechte von Frauen oder eher ein Instrument innerhalb eines größeren, globalen Plans, der mehr mit wirtschaftlichen und geopolitischen Interessen zu tun hat?

Fakt ist, dass auch die „grüne Merkel" 2020 unter den wohlwollenden Blicken von Klaus Schwab von einer **Transformation in Giganten-Ausmaß** sprach. Diese Bemerkung lässt sich nicht einfach als bloße rhetorische Floskel abtun, sondern deutet auf eine tiefere, global ausgerichtete Agenda hin. Die Betonung auf „Transformation" und das enge Zusammenspiel mit führenden Persönlichkeiten wie Schwab werfen die Frage auf, inwieweit politische Entscheidungen tatsächlich von globalen wirtschaftlichen und geopolitischen Interessen geprägt sind, die über nationale Grenzen hinausgehen. In diesem Kontext könnte die Diskussion um Klimaschutz, soziale Gerechtigkeit und andere politische Themen eher als Teil eines umfassenden Umgestaltungsprozesses betrachtet werden, der nicht nur das Klima, sondern auch die Wirtschaftsordnung neu definieren soll.

Wir kommen hier auch zu Luisa Neubauer, der Reemtsma-Erbin, die – als das Interesse an ihrer Klimawandel-Agenda nachließ – schnell auf die Brandmauer gegen rechts umschwenkte, als wären diese beiden Themen ein und dasselbe. Diese Taktik wirft Fragen auf, wie authentisch ihr politisches Engagement wirklich ist und ob es nicht eher um strategische Positionierung geht.

Für alle Feministinnen – und die, die es noch werden wollen – ist es interessant zu wissen, dass die Firma Reemtsma während des Zweiten Weltkriegs von der Ausbeutung von Zwangsarbeitern profitierte. Darüber hinaus unterstützte sie Goebbels' Propaganda-Maschine. Diese historische Verbindung wirft einen Schatten auf die heutige öffentliche Darstellung von Neubauer und ihrer Familie, die

sich als Verfechterin sozialer und ökologischer Gerechtigkeit insze-
niert.

Angesichts dieser Geschichte ist es umso relevanter, die Frage nach
den Motiven und der Authentizität derjenigen zu stellen, die sich
heute als „moralische Autoritäten" in politischen Debatten präsentieren.

Dass, Joseph Goebbels in einer Rede die Partei im „linken Spektrum" einordnete, war vielleicht doch nicht nur ein rhetorischer
Schachzug, um die ideologischen Gegner, insbesondere die Kom-
munisten und Sozialisten, zu diskreditieren und zu isolieren wie es
die Linken heute behaupten.

Der Nationalsozialismus nahm bestimmte sozialistische Elemente in
seine Politik auf, um die Kontrolle über Wirtschaft und Gesellschaft
zu sichern, um die Kriegsmobilisierung zu fördern und das Volk in
einem totalitären Staat zu vereinen, genauso, wie es von links grün
auch heute wieder versuchen wird.

Feminismus und Regenbogenflagge

Die Verbindung zwischen Feminismus und der Regenbogenflagge ist ein interessantes und vielschichtiges Thema.

Beide Symbole – die Regenbogenflagge als Zeichen der LGBTQ+-Bewegung und der Feminismus als Bewegung für die Rechte und die Gleichstellung der Frauen – stehen für die Förderung von Diversität, Inklusion und sozialen Veränderungen.

Die Regenbogenflagge, die 1978 von Gilbert Baker entworfen wurde, symbolisiert die Vielfalt der LGBTQ+-Gemeinschaften und ihren Kampf für Gleichberechtigung, Akzeptanz und Freiheit. Doch eins sollte man klarstellen: Diese Flagge hat nichts mit dem Regenbogen aus der Bibel zu tun. Denn der biblische Regenbogen – mit seinen **sieben Spektralfarben** – ist nicht einfach nur ein ästhetisches Naturphänomen, sondern ein göttliches Versprechen. Nach der Sintflut erklärte Gott mit diesem farbenfrohen Bogen am Himmel, dass er nie wieder alles Leben auf der Erde durch Wasser vernichten würde. Eine Art himmlischer Friedensvertrag, könnte man sagen.

Die Regenbogenflagge des Künstlers hingegen hat – nennen wir es mal – eine pragmatischere Farbauswahl. Sie kommt mit sechs Farben aus, was durchaus einen symbolischen Bruch darstellt. Die Zahl **sechs** hat in der Bibel nämlich eine eher problematische Bedeutung. Sie steht oft für das Unvollkommene, das Menschliche, ja sogar das Sünderische. Man denke nur an die berühmte „666", die Zahl des Tieres in der Offenbarung – wahrlich keine Zahl, die man sich freiwillig auf die Fahne schreibt, oder?

Der biblische Regenbogen dagegen hat **sieben Farben**, und das macht den Unterschied. Die Sieben steht in der Bibel für Vollkommenheit und göttliche Ordnung. Sieben Tage der Schöpfung, sieben Leuchter im Tempel, sieben Siegel – Sieben ist die Zahl, bei der Gott selbst sagt: „Perfekt, passt so!" Die Regenbogenflagge hingegen lässt den himmlischen Abschluss der Sieben einfach weg – warum? Vielleicht wollte Gilbert Baker nur ein paar Druckkosten sparen? Oder ist das Weglassen der siebten Farbe ein vielleicht eine Auflehnung gegen Gott? Das allein, weiß nur der Teufel!

Es heißt in der Schrift: „Mein Volk kommt um aus Mangel an Erkenntnis." (Hosea 4,6) – und wahrlich, in unseren Tagen scheint es, als wäre diese Warnung aktueller denn je. Wie sonst könnten wir uns erklären, dass auf Kirchentagen Aussagen wie „Gott ist queer" verkündet werden? Eine solche Behauptung ist nicht nur eine Verzerrung des christlichen Glaubens, sondern auch ein Angriff auf die Würde und Heiligkeit unseres Gottes.

Gott ist nicht queer. Mein Gott, der Herr aller Herren, ist gerecht, wahrhaftig und ewig heilig! Der Gott, den wir im Glaubensbekenntnis bezeugen, hat Himmel und Erde geschaffen, hat uns erlöst durch das Opfer Jesu Christi und führt uns mit seinem Geist in die Wahrheit. Was wir hier erleben, ist nichts anderes als eine bewusste Verspottung – eine Perversion dessen, was uns Christen heilig ist.

Und es bleibt nicht bei solchen Worten. Wer aufmerksam die Zeichen der Zeit beobachtet, erkennt ein perfides Muster. Da wird bei der Eröffnungsfeier der Olympischen Spiele in Paris das Abendmahl – das heiligste Symbol unserer Gemeinschaft mit Christus – öffentlich verhöhnt. Man spielt mit dem Sakrament, als wäre es ein Requisit auf einer Theaterbühne. Was ist die Moral hinter solch einer Inszenierung? Offenbar gilt es heute als mutig, das Christentum zu denunzieren. Und währenddessen entstehen überall Moscheen, die stolz und unangefochten in die Höhe ragen.

Es drängt sich die Frage auf: Welche Kräfte sind hier am Werk? Wer will die christlichen Werte untergraben und ersetzen? Die Antwort liegt nicht allein in menschlicher Bosheit. Der Widersacher selbst, der in der Schrift als „Vater der Lüge" bezeichnet wird, hat seine Finger im Spiel. Er tarnt sich in schönen Worten wie „Toleranz" und

„Vielfalt", um Spaltung und Verwirrung zu säen. Mag sein, dass der Teufel queer ist – voller Verführung und Täuschung. Aber mein Gott, unser Herr, ist es ganz gewiss nicht. Dies ist ein Ruf zur Wachsamkeit! Lassen wir uns nicht täuschen von den Parolen unserer Zeit, die die Wahrheit mit dem Zeitgeist eintauschen wollen. Stehen wir fest in unserem Glauben und bekennen wir ohne Furcht: „Der Herr ist mein Hirte!" Er allein führt uns auf den Weg der Gerechtigkeit, während die Welt immer mehr versucht, diesen Weg zu verdunkeln.

„Wenn Gott für uns ist, wer kann gegen uns sein?" (Römer 8,31) Amen.

Der Feminismus hat beeindruckende historische Wurzeln, die sich auf essenzielle Themen wie Gleichberechtigung in Arbeit, Bildung, reproduktive Rechte und den Kampf gegen Gewalt konzentrieren. Seine Errungenschaften sind bedeutend, und dass der Feminismus auch LGBTQ+-Rechte einbezieht, macht Sinn – schließlich geht es um die Befreiung aller Geschlechter und Identitäten. Daran ist grundsätzlich nichts zu kritisieren.

Aber – und hier wird's spannend – muss man sich schon fragen: Warum scheint es plötzlich wichtiger, die Rechte der LGBTQ+-Bewegung über die Bedürfnisse jener zu stellen, die in einer, sagen wir, „klassischen" Beziehung leben? Es ist, als hätten wir einen gesellschaftlichen Wettbewerb eröffnet, bei dem „Normalität" die rote Laterne trägt.

Da gibt es Männer, die sich morgens als Frau identifizieren, um dann mit Freude und Adrenalin im Boxring ihren Gegnerinnen die Nase zu brechen – natürlich alles unter dem Banner der Toleranz. Oder Männer, die sich in Frauenumkleiden verirren, weil sie plötzlich „innere Frauenvibes" spüren. Und dann wären da noch Krankenhäuser und öffentliche Einrichtungen, die nur noch ein einziges Unisex-WC anbieten. Mag ja praktisch für die Gebäudereiniger sein, aber was ist mit den Menschen, die sich einfach nur ein bisschen Privatsphäre wünschen?

Man fragt sich, ob das alles nicht ein bisschen zu weit geht. Fragen Sie doch mal den Silberrücken-Gorilla im Zoo, ob er morgens aufsteht und beschließt, sich heute als Weibchen zu fühlen. Der wird Sie vermutlich mit einem Gesichtsausdruck angucken, der sagt: „Kollege, ich bin ein Gorilla. Ich bleibe, wer ich bin." Denn das Leben hat eine gewisse natürliche Ordnung, die nicht jede Woche neu zur Diskussion gestellt werden muss.

Natürlich sind wir Menschen keine Affen – auch wenn das manchmal nicht so eindeutig erscheint. Aber wir sind dennoch eine Spezies der Gattung Säugetiere, und vielleicht täte uns ein kleiner Rückgriff auf unsere biologischen Basics ganz gut. Nicht alles, was als „modern" verkauft wird, ist automatisch auch sinnvoll und klug.

Das Fazit? Diversität, Respekt und Gleichberechtigung sind großartige Ziele, die jeder unterstützen sollte. Aber bitte, der gesunde Menschenverstand sollte dabei nicht auf der Strecke bleiben. Schließlich können wir Fortschritt feiern, ohne das Rad der Natur völlig neu erfinden zu müssen. Denn wenn wir wirklich so weit sind, dass wir uns um das „Innere" eines Menschen kümmern, dann sollten wir vielleicht zuerst sicherstellen, dass wir auch die Äußeren Herausforderungen, wie, sagen wir mal, die Realität, weiterhin im Blick behalten. Und vielleicht ist es dann auch an der Zeit, sich zu fragen, ob es nicht klüger wäre, den einen oder anderen chaotischen Guru aus der Regierung zu entlassen und stattdessen jemanden zu wählen, der wirklich weiß, wie man einen Laden führt.

Schließlich sind wir heute so weit, dass Wissenschaftler an Jahrtausend alten Knochen erkennen können, ob es sich um das Skelett eines Mannes oder einer Frau handelt – ganz ohne Genderstudies und ohne das Bedürfnis, die Welt neu zu definieren. Aber klar, man kann sich auch die Evolution und die Naturgesetze vom Leibe halten, wenn man sich lieber der Fantasie hingibt. Schließlich ist es doch ein schönes Gefühl, in der Vorstellung einer perfekten, diversifizierten Welt zu leben, wo alles möglich und jeder Mensch nur noch ein bloßes Konstrukt seiner eigenen Wünsche ist. Wer braucht schon biologische Fakten, wenn man ein eigenes Narrativ hat?

Was ist eigentlich ein Abitur oder ein Studium noch wert, wenn man zwar perfekt gendern kann, die Kinderbücher von Papa und Mama mit der roten politischen Korrekturstiftmarke durchzieht, weil sie aus der „alten, bösen Zeit" stammen, und stolz verkündet, dass es 196 unterschiedliche Geschlechter gibt, aber nicht mehr weiß, wie man eine einfache Rechnung im Kopf macht, ein Buch zu Ende liest, ohne dreimal nachzuschlagen, oder seinen eigenen Namen ohne Rechtschreibfehler aufschreiben kann?

Es wäre fast schon lustig, wenn es nicht so tragisch wäre. Es ist, als würde man ein Abitur besitzen, aber keinen Taschenrechner mehr bedienen können – und den dann auch noch als „veraltetes Werkzeug" abtun. Man kann natürlich stolz auf seine Genderkompetenz sein, aber was hilft es einem, wenn der Bankautomat einem keinen Euro mehr ausspuckt, weil man nicht mehr weiß, wie man richtig Geld abhebt, weil die Mathematik-Module plötzlich ein „bisschen zu diskriminierend" waren?

Und da fällt einem das „Ostfriesen-Abitur" ein. Ja, das Abitur, das legendär war, weil – nun, sagen wir mal – die Prüfungen nicht gerade an die komplexesten Denkleistungen appellierten. Die Schüler dort konnten den Unterschied zwischen einem Pferd und einem Einhorn erkennen, aber bei der Frage nach den Wochentagen musste der eine oder andere dann doch kurz nachdenken. So ungefähr fühlt es sich gerade an, wenn der Fokus mehr auf politischer Korrektheit als auf praktischen Fähigkeiten liegt. Klar, es ist wichtig, die Sprache inklusiv und weltoffen zu gestalten – aber nicht auf Kosten der elementaren Bildung.

Am Ende steht da vielleicht ein Diplom in "Woke Studies", aber keine Ahnung, wie man ein ordentliches Geschäftsangebot erstellt oder den Einkaufszettel richtig durchliest, ohne sich zu verirren. Und vielleicht ist es genau das, was wir wirklich brauchen: ein Bildungssystem, das uns beibringt, wie man in einer zunehmend komplexen Welt zurechtkommt – ohne den Rest der praktischen Fähigkeiten aus den Augen zu verlieren.

Denn so schön es auch ist, 196 Geschlechter aufzuzählen, wenn wir dabei das Einmaleins vergessen, kommen wir wohl nicht wirklich weiter – und schon gar nicht, wenn wir unseren Kindern beibringen, wie man nicht nur politisch korrekt, sondern auch richtig rechnen kann.

Feminismus als Modetrend – Oder: Warum wir plötzlich alle einen inneren Penis haben

Früher war es Yoga mit Ziegen, heute sind es feministische Romane und Ratgeber. Man könnte meinen, Feminismus sei der neueste Lifestyle-Trend, irgendwo zwischen veganer Ernährung und "Selfcare-Sonntag". Aber anstatt uns einfach nur ein bisschen zu dehnen oder auf Mandalas zu meditieren, erklären uns diese Bücher nun, dass wir Frauen eigentlich auch einen Penis haben. Der ist halt nur innen. Überraschung! Wenn wir diesen Gedanken weiterdenken, hat die Evolution uns also einen "unsichtbaren Vorteil" mitgegeben, den wir nur lange genug ignoriert haben, während wir uns mit Tampons und Glätteisen beschäftigt haben.

Und dann kommen da diese Ratgeber, die uns die Funktionsweise unserer eigenen Vulva erklären wollen, so als wären wir bisher alle im Dunkeln herumgetappt. Laut den Autoren – häufig übrigens Männer – wurde uns der Orgasmus quasi kollektiv vorenthalten. Ja, der Mann hat sich wohl verschworen, um uns nicht nur das Wahlrecht, sondern auch den Höhepunkt zu stehlen. Was für ein Schuft! Und jetzt sitzen wir hier, blättern durch die Seiten und wundern uns: „Warte mal, das Ding da unten macht also *mehr*, als nur Babys produzieren?" Danke, Captain Obvious!

Aber halt, liebe Feminismus-Anhängerinnen des neuen Jahrtausends – wo war euer innerer Penis eigentlich in den 70ern? Damals war freie Liebe doch quasi das Grundnahrungsmittel einer ganzen Generation! Man lebte, liebte und experimentierte. Der BH brannte, der Geist war frei, und niemand brauchte einen 300-seitigen Leitfaden, um herauszufinden, wie man Spaß im Schlafzimmer hat. Man könnte fast meinen, unsere Mütter und Großmütter hatten das schon längst drauf – ganz ohne Instagram-Feminismus und Empowerment-T-Shirts.

Natürlich hat Feminismus in der Theorie wunderbare Errungenschaften hervorgebracht. Aber irgendwie hat sich das Ganze zu einem leicht absurden Selbsthilfekurs entwickelt, der mehr mit Lifestyle als mit echter Gleichberechtigung zu tun hat. Manchmal frage ich mich, ob wir mit unseren feministischen Podcasts und Workshops nicht einfach nur versuchen, das nächste „It-Girl" der Gesellschaft zu sein. Feminismus als Statement-Piece, passend zur Designer-Handtasche.

Und die Männer? Die gucken sich das Ganze schmunzelnd an und denken sich vermutlich: „Na klar, ihr habt einen Penis – innen. Und ich habe eine Gebärmutter, die wahrscheinlich nur im Winterschlaf ist." Aber hey, Hauptsache, wir sind alle *irgendwie* gleichberechtigt. Oder modisch auf dem neuesten Stand.

Ekelige weiße Mehrheit

Die Frage, für welche Rechte Feministinnen tatsächlich eintreten, wenn sie sich in einer Weise äußern, die die „ekelige weiße Mehrheit" in Deutschland betont, ist durchaus berechtigt. Ja, man könnte fast den Verdacht hegen, dass der heutige „Feminismus-Hype" eher der Umsetzung einer linken Ideologie dient als der Sache selbst. Schließlich hat sich der gute alte Feminismus immer für Gleichberechtigung stark gemacht – aber wenn er jetzt anfangen muss, „ekelige weiße Mehrheiten" zu bekämpfen, dann könnte man sich schon fragen, ob der Kurs nicht ein bisschen aus der Richtung geraten ist.

Es wäre ja fast zu einfach, zu glauben, dass es hier um die tatsächlichen Rechte von Frauen geht. Stattdessen scheint es fast so, als ob der Feminismus in letzter Zeit immer häufiger als Vehikel für politische Umverteilung oder die Verwirklichung von Ideologien verwendet wird, die mehr mit gesellschaftlichen Umstürzen als mit realer Frauenpolitik zu tun haben. Statt konkret darüber zu reden, wie man zum Beispiel die Lohnlücke verringert oder Frauen in Führungspositionen bringt, geht es jetzt auch ganz gerne mal darum, bestimmte „feindliche" Gruppen zu identifizieren und zu bekämpfen – und zwar in einer Weise, die auf den ersten Blick mehr nach einem Parteiprogramm als nach einer feministischen Agenda aussieht.

Und wenn wir mal ehrlich sind: Ein Feminismus, der sich mehr darauf konzentriert, wer gerade nicht zur „richtigen" ethnischen Gruppe gehört, als auf die Fragen, die wirklich Frauen betreffen, wirkt irgendwie wie ein sehr merkwürdiges Konzept. Es könnte fast so wirken, als ob Feminismus heute eher ein politisches Lifestyle-Produkt geworden ist, das sich hervorragend in die Agenda anderer Bewegungen einfügt.

Denn was kann schon schöner sein, als eine Bewegung zu führen, die nicht nur gegen Ungleichheit kämpft, sondern auch gegen alles, was man auf Twitter und in den neuesten Trending-Themen als „Problem" ausmachen kann? Die tatsächlichen Anliegen der Frauen? Ach, die lassen sich vielleicht später mal in einem Nebensatz unterbringen.

Wenn jedoch diese Art von Rhetorik so weit geht, dass sie bestimmte Gruppen pauschal abwertet oder stigmatisiert, kann man tatsächlich fragen, ob dies nicht kontraproduktiv ist und zu einer Spaltung in der Gesellschaft führen soll. Wenn feministische Bewegungen auf eine Weise agieren, die negative Stereotypen oder Ressentiments gegenüber bestimmten Bevölkerungsgruppen – wie etwa der „weißen Mehrheitsgesellschaft" – verstärkt, könnte dies als problematisch angesehen werden. Es könnte den Eindruck erwecken, dass der Feminismus mehr für bestimmte politische Ziele als für die tatsächliche Gleichberechtigung aller Menschen kämpft.

Was soll das überhaupt heißen, „ekelige weiße Mehrheitsgesellschaft"? Gesteht man den Deutschen jetzt nicht mehr zu, einfach weiß zu sein? Muss man sich als „weißer" Deutscher plötzlich für seine Hautfarbe entschuldigen, als wäre man irgendwie auf mysteriöse Weise schuld daran? Was kommt als Nächstes – ein „Schuldabgleich" in der Grundschule, wo jedem Kind die Verantwortung für die Hautfarbe seiner Eltern zugeschrieben wird? Was genau ist das Ziel? Soll die „weiße Mehrheit" plötzlich aus der Gesellschaft entfernt oder zur Selbstkasteiung verdammt werden, nur weil sie im historischen und kulturellen Kontext dieses Landes zu Hause ist?

Noch vor zehn Jahren hätte niemand ernsthaft in Frage gestellt, dass deutsche Menschen überwiegend weiß sind. Es war so offensichtlich wie der Fakt, dass man in einem Land, das mehr Regenschirme als Sonnenbrillen verkauft, auf den nächsten Schauer warten kann. Aber jetzt? Jetzt wird plötzlich alles infrage gestellt, und man spricht von einer „ekligen weißen Mehrheitsgesellschaft", als wäre es die schlimmste aller imaginären Sünden, die je begangen wurde.

Und wenn wir schon dabei sind: Welche perfide Agenda steckt eigentlich dahinter? Will man die Nationalstaaten abschaffen, weil sich in den globalen „Vereinigten Staaten von Irgendwas" einfach niemand mehr so wirklich zu Hause fühlen soll? Wenn man ernsthaft in Erwägung zieht, alle kulturellen Identitäten und Ländergrenzen zu verwischen, dann kann man sich fragen: Geht es wirklich um „Vielfalt" und „Integration", oder steckt da vielleicht der Wunsch dahinter, die „weißen" Nationalstaaten irgendwie auszulöschen? Wo bleibt da eigentlich die Gnade für die Millionen Menschen, die sich in ihrer eigenen Heimat zu Hause fühlen wollen?

Ernsthaft, was wird da eigentlich gespielt? Wenn der weiße Deutsche plötzlich zum „Übeltäter" erklärt wird, nur weil er in einem Land lebt, das von seiner Geschichte geprägt ist, stellt sich unweigerlich die Frage, was als Nächstes kommt. Muss er bald in einem Versteck leben, um nicht ständig „ekelhaft" genannt zu werden? Soll er sich der weißen Schande bewusst werden, als ob das irgendein moralischer Vorteil wäre? Vielleicht müssen wir bald alle unsere Namen ändern, um politisch korrekt zu sein – ich schlag vor,

„Schneewittchen" als Name für alle Weißhäutigen zu verwenden, damit es wenigstens ein bisschen märchenhaft wirkt.

Am Ende ist es doch so: Solche Ausdrücke wie „ekelige weiße Mehrheitsgesellschaft" haben nicht nur einen bitteren Beigeschmack, sie entmenschlichen die Diskussion und führen uns in eine absurde, politisch aufgeladene Richtung, die von Empathie und gemeinsamer Menschlichkeit weit entfernt ist. Wo führt das Ganze hin? Vielleicht ins Land der „weißfreien" Zonen – oder vielleicht in ein riesiges, globales Nebelmeer, wo jeder seine Identität aufgeben soll, um „korrekt" zu sein. Aber wer weiß das schon? Vielleicht suchen wir ja einfach nur nach einem „bunten" Ort, wo keiner mehr weiß, wer er ist.

Im Hinblick auf den Vorwurf des Rassismus stellt sich wirklich die Frage, ob solche Haltungen nicht selbst in gewisser Weise diskriminierend oder sogar rassistisch sind. Denn wenn man eine ganze Bevölkerungsgruppe aufgrund ihrer ethnischen Zugehörigkeit oder sozialen Herkunft pauschal als „ekelig" abwertet, dann könnte man fast meinen, der Begriff „Rassismus" bekommt eine ganz neue Bedeutung. Was genau haben wir uns eigentlich dabei gedacht? Eine ganze Ethnie kollektiv als „ekelig" zu bezeichnen, klingt eher nach einem schlechten Witz als nach einer ernsthaften politischen Bewegung.

Feminismus sollte – in seiner idealen Form – für die Rechte und die Gleichstellung aller Menschen eintreten, unabhängig von ihrer Hautfarbe, Herkunft oder gesellschaftlichen Stellung. Aber wer braucht schon so etwas Verstaubtes wie „Gleichheit" oder „Menschlichkeit", wenn man stattdessen „ekelige weiße Mehrheiten" ins Visier nehmen kann? Wenn Teile der feministischen Bewegung sich jetzt so weit von den ursprünglichen Zielen entfernen und stattdessen auf Spaltungen und Identitäten setzen, könnte man wirklich annehmen, dass wir es hier mit einem neuen politischen Trend zu tun haben: „Feminismus 2.0 – Jetzt auch mit mehr Rassismus und weniger Gleichstellung!"

Und wenn wir es mal auf die Spitze treiben, könnte man fast den Schluss ziehen, dass diese starke ideologische Ausrichtung – die mehr auf Identitätskämpfe und weniger auf die tatsächliche Gleichberechtigung aus ist – den Feminismus in eine Richtung führt, die viele eher als politisch motiviert wahrnehmen würden, als wahrhaft inklusiv und gerecht. Warum sich mit der tatsächlichen Problematik von Ungleichheit beschäftigen, wenn man sich viel lieber in den Kämmerlein von politischer Korrektheit und ideologischen Schubladen verstecken kann?

Denn am Ende des Tages ist ein Feminismus, der für alle Menschen eintreten möchte, genau das: ein Feminismus, der auf einer breiten, nicht ausgrenzenden Grundlage aufbauen muss. Wenn man diese Grundlage dann aber in einer ideologischen Suppe ertränkt, in der jeder nicht-passende Gedanke sofort als „ekelig" oder „rassistisch" gebrandmarkt wird, dann bleibt wenig Platz für echte Gleichberechtigung. Stattdessen werden wir nur in immer tiefere gesellschaftliche Spaltungen hineinmanövriert – und das alles für die Illusion, die „richtige" Seite des Diskurses zu vertreten.

Wer hätte gedacht, dass Feminismus so viel mehr mit ideologischer Spaltung zu tun hat als mit echter Gleichstellung? Aber gut, vielleicht ist das ja auch die nächste „Stufe" im politischen Spektrum.

Was bedeutet Demokratie?

Auf den ersten Blick erscheint es wie ein Paradoxon: Linke Parteien betonen immer wieder Werte wie Vielfalt, Gleichberechtigung und Demokratie. Gleichzeitig unterstützen sie jedoch Gruppen wie die Antifa, die für gewaltsame Proteste und Eskalationen bekannt ist. Dazu gesellt sich die Bewegung „Omas gegen rechts", die sich gegen den vermeintlichen Aufstieg des Rechtspopulismus richtet – obwohl der letzte Nationalsozialist in Deutschland längst Geschichte ist. Doch wie passt all das zusammen? Der Widerspruch ist offensichtlich, doch die Diskussion darüber bleibt oft aus.

Linke Parteien rechtfertigen ihre Nähe zu antifaschistischen Gruppierungen mit dem angeblichen Kampf gegen Rassismus und Rechtsextremismus. Dabei wird übersehen oder bewusst in Kauf genommen, dass diese Bewegungen nicht selten selbst Gewalt anwenden. Auf Demos sind Sachbeschädigungen, Angriffe auf politische Gegner und Einschüchterung keine Seltenheit. Verteidigt man so wirklich demokratische Werte, oder geht es schlicht darum, politische Gegner zu diffamieren und Spaltung in der Gesellschaft zu fördern? Man könnte meinen, hier werde Ideologie über Integrität gestellt.

Auch bei den „Omas gegen rechts" zeigt sich ein problematisches Bild. Diese aus Steuermitteln finanzierte Bewegung propagiert den Kampf gegen rechte Hetze und Diskriminierung, während sie gleichzeitig dazu beiträgt, linksextremen Populismus salonfähig zu machen. Mit einer fast religiösen Überzeugung wird das Feindbild „Rechts" beschworen, um eine vermeintlich offene Gesellschaft zu verteidigen – während im Windschatten dieser moralischen Selbstgerechtigkeit linksextreme Narrative wachsen und gedeihen.

Die Politik links grüner Parteien, solche Bewegungen zu unterstützen, offenbart eine doppelte Moral, die schwer zu übersehen ist – oder, sagen wir es mal so: Der moralische Kompass zeigt hier häufiger auf „was uns gerade nützt", statt auf tatsächliche Prinzipien. Während sie vorgeben, sich für Gerechtigkeit und Demokratie einzusetzen, häufen sich die Beispiele, die eher an die Durchsetzung einer eigenen Ideologie erinnern. Und diese Ideologie wird dann, sozusagen als All-inclusive-Paket, auch gerne mal mit radikalen Mitteln geliefert – von der verbalen Schlammschlacht bis zur Sachbeschädigung.

Das Ergebnis? Linke Politik wird zunehmend mit einer Radikalität assoziiert, die weniger wie die Verteidigung demokratischer Werte wirkt und mehr wie ein Straßenkampf mit Marketingstrategie. Und besonders kurios wird es, wenn man gemeinsam mit der gewaltbereiten Antifa unter dem bunten Regenbogen demonstriert – eine Mischung aus Woodstock-Feeling und Klassenkampf. Da marschiert man also Hand in Hand für Toleranz und Vielfalt, während im Hintergrund Mülltonnen brennen und der nächste Andersdenkende zum Feind erklärt wird. Ein Bild, das gleichzeitig skurril und beunruhigend ist: Inklusive Rhetorik trifft auf exklusive Denkverbote.

Ein kritischer Blick auf die Realität zeigt zudem, dass Rechtsextremismus in Deutschland weder die politische noch gesellschaftliche Dominanz hat, die solch drastische Maßnahmen rechtfertigen würde. Stattdessen sind es linksextreme Tendenzen, die sich immer stärker manifestieren und dabei Methoden nutzen, die sich nur schwer mit den hochgehaltenen Idealen von Toleranz und Vielfalt vereinbaren lassen.

Unter dem Banner des „Antifaschismus" werden Verwüstungen von Städten, Angriffe auf Andersdenkende und die Ausgrenzung politischer Gegner gerechtfertigt. Diese Cancel-Kultur und die gewaltsamen Eskalationen lassen weniger den Eindruck von Demokratieschutz, sondern vielmehr den einer destruktiven Agenda zurück.

Besonders widersprüchlich wird es, wenn diese Aktionen im Namen von Frieden und Toleranz stattfinden. Der Respekt für Andersdenkende bleibt dabei oft auf der Strecke, Dialog wird ersetzt durch autoritäres Verhalten und Ausgrenzung. Es drängt sich die Frage auf, wie glaubwürdig eine Bewegung sein kann, die einerseits Gleichberechtigung fordert, andererseits jedoch jeden zum Feind erklärt, der nicht in ihr Narrativ passt.

Zusammengefasst entsteht der Eindruck, dass es linken Parteien und Bewegungen weniger um den Schutz demokratischer Werte geht, sondern vielmehr um die Durchsetzung ihrer eigenen Ideologie – koste es, was es wolle. Der Kampf gegen vermeintliche rechte Bedrohungen dient dabei häufig als Deckmantel für die Rechtfertigung eigener Radikalität.

Das Problem hierbei ist nicht nur die Doppelmoral, sondern auch der Schaden, der der Gesellschaft als Ganzes zugefügt wird. Statt Lösungen zu suchen, wird der Diskurs immer weiter polarisiert. Während rechte Tendenzen kritisch betrachtet werden, scheint es beinahe ein Tabu zu sein, auch die linksextremen Auswüchse kritisch zu hinterfragen – obwohl genau diese derzeit viel stärker den sozialen Frieden und die demokratische Grundordnung gefährden.

Das Fazit? Der Schutz der Demokratie verlangt klare Prinzipien: Gewalt, Hetze und Intoleranz dürfen in keiner politischen Richtung geduldet werden – egal, ob von links oder rechts. Es wird Zeit, den Fokus auf sachliche Diskussionen, echte Toleranz und das gemeinsame Wohl zu lenken, anstatt radikale Ideologien mit zweifelhaften Mitteln zu bedienen.

Fazit: Brandmauern gegen rechts sind daher nichts weiter, als der Versuch, die Demokratie im Land zu zerstören.

Die Brandmauer gegen eine demokratisch gewählte Partei wie die AfD ist nicht nur eine absurde Zurschaustellung von Doppelmoral, sondern auch ein Paradebeispiel für antidemokratisches Verhalten. Linke Politiker und ihre medialen Erfüllungsgehilfen – die sich gerne als Verteidiger der Demokratie aufspielen – schrecken nicht davor zurück, den Wählerwillen kurzerhand als unerwünscht zu deklarieren. Man könnte meinen, Demokratie gilt nur so lange, wie die „richtigen" Parteien gewinnen. Indem sie eine demokratisch legitimierte Partei vom politischen Diskurs ausschließen, wird das Prinzip der politischen Vielfalt und der offenen Debatte nicht nur untergraben, sondern praktisch in den Schredder gesteckt.

Und dann gibt es da noch die Hohepriester des öffentlich-rechtlichen Unterhaltungsbunkers – Bosetti, Böhmermann und Kebekus – die sich mit Inbrunst an dieser Hetzkampagne beteiligen. Natürlich alles auf humorvolle, ironische Art, versteht sich! Was wäre auch glaubwürdiger als millionenschwer alimentierte Staatskomiker, die von ihrer moralischen Kanzel herab erklären, welche Meinungen tolerierbar sind?

Ob es nun Bosettis verbissen intellektuelle Rants, Böhmermanns satirische Predigten oder Kebekus' pseudolustige Belehrungen sind – ihre Angriffe auf „rechts" wirken oft weniger wie ein Beitrag zur Debatte und mehr wie eine Karikatur ihrer eigenen moralischen Selbstüberschätzung. Man könnte fast Mitleid haben, wenn es nicht so erbärmlich wäre.

In der Zwischenzeit stapeln sich die Probleme, die die links-grüne Ideologie angerichtet hat, wie ein unbeachteter Müllberg in der Mitte des politischen Wohnzimmers. Von wirtschaftlichen Fehlentwicklungen bis hin zu gesellschaftlichen Spaltungen – das Ergebnis dieser angeblich so progressiven Politik ist ernüchternd.

Doch statt den Dialog zu suchen oder tatsächlich etwas zu verbessern, wird weiterhin mit erhobenem Zeigefinger gegen rechts gewettert.

Es ist dringend an der Zeit, die ideologische Brandmauer einzureißen und den politischen Diskurs wieder zu öffnen. Eine Demokratie lebt von Vielfalt – auch von Meinungen, die unbequem sind. Anstatt weiterhin den Wählerwillen zu verachten und die AfD als Feindbild zu stilisieren, sollte man sich lieber fragen, warum so viele Menschen überhaupt bereit sind, diese Partei zu wählen. Nur durch echte Debatten und gegenseitiges Zuhören können wir eine ausgewogene und gerechte Gesellschaft schaffen – nicht durch humoristisch verbrämte Hetze und moralisierende Überheblichkeit.

Zum besseren Verständnis: Eine rechte, liberale oder konservative Strömung ist genauso wenig rechtsextrem, wie eine linke Ausrichtung automatisch linksextrem ist. Der Unterschied zwischen diesen politischen Richtungen und extremistischen Ideologien sollte klar erkennbar bleiben. Wenn jedoch von linker Seite eine Narrative verbreitet wird, wonach alle rechten Positionen gleich Nazismus oder Rechtsextremismus sind, dann handelt es sich dabei um boshafte Propagandamethoden, die mit denen vergleichbar sind, die schon von Goebbels im Nationalsozialismus verwendet wurden.

Diese Art der pauschalen Diskreditierung dient nicht dem politischen Dialog, sondern nur der Verbreitung von Hass und Misstrauen, ohne Raum für eine differenzierte Auseinandersetzung zu lassen.

Zudem ist die Behauptung, die AfD wolle den Frauen die erkämpfte Emanzipation stehlen, nur weil sie das Kinderkriegen fördern möchte, eine ziemlich hinterwäldlerische Denkweise. Diese Argumentation übersieht den grundlegenden Punkt, dass die Förderung von Familienwerten und die Unterstützung von Eltern nicht zwangsläufig im Widerspruch zu den Prinzipien der Emanzipation stehen. Die Entscheidung, Kinder zu bekommen, sollte eine persönliche und freie Wahl sein, die von allen politischen Strömungen respektiert werden sollte, ohne Frauen ihre Selbstbestimmung oder Gleichberechtigung abzusprechen.

Die Pauschalisierung und Stigmatisierung von politischen Positionen als „anti-emanzipatorisch" zeigt eine unreflektierte Sichtweise, die den komplexen Zusammenhang zwischen verschiedenen gesellschaftlichen Themen ignoriert.

Das gleiche gilt auch für das Thema Abtreibungen. Eine emanzipierte Frau weiß in der Regel selbst, ob und wie sie verhütet, um eine ungewollte Schwangerschaft von vornherein zu vermeiden. Wenn jedoch grundlegendes Wissen über Verhütung und Sexualität in den Schulen nicht ausreichend vermittelt wird, stellt sich die Frage, ob hier wichtige Aufklärungsarbeit vernachlässigt wurde. Stattdessen scheint es manchen ideologischen Akteuren wichtiger zu sein, Debatten darüber zu führen, wie oft man sein Geschlecht wechseln kann, anstatt im Biologieunterricht solide und praktische Aufklärung zu betreiben.

Dieser Fokus erweckt den Verdacht, dass Kinder bewusst in ihrer Bildung und Entscheidungsfähigkeit beeinträchtigt werden, indem essenzielles Wissen zugunsten ideologischer Diskussionen in den Hintergrund gedrängt wird.

Mathe, Deutsch, Geschichte, Biologie? Ach, wozu denn, wenn man stattdessen Gendern und bunte Vielfalt unterrichten kann? Schließlich ist es ja viel wichtiger, zu wissen, wie oft man sein Geschlecht wechseln kann, als zu verstehen, wie man einen Dreisatz löst oder was Fotosynthese ist. Wo soll das noch hinführen?

Ins Tal der Dummen, wo Rechtschreibung Nebensache und Allgemeinbildung ein Relikt der Vergangenheit ist? Klingt fast so, als wäre das der neue Lehrplan.

Nicht genug damit, dass das Handy erwiesenermaßen dumm macht – jetzt sorgt man auch noch dafür, dass unsere Kinder bereits im Kindergarten und in der Schule systematisch verdummt werden. Anstatt ihnen wichtige Grundlagen wie Lesen, Schreiben oder kritisches Denken beizubringen, setzt man auf ideologische Experimente und fragwürdige Prioritäten. Das Ergebnis? Eine Generation, die zwar Gendersternchen perfekt setzt, aber bei einem einfachen Dreisatz scheitert. Bravo!

Es klingt fast wie ein schlechter Scherz: Auf dem Regenbogenportal des Familienministeriums will man Dreijährigen ernsthaft das Masturbieren näherbringen und Pubertätsblocker als harmlos und süß wie Zuckerwatte anpreisen. Was ist das bitte für eine kranke Welt? Pubertätsblocker, die eigentlich in der Vergangenheit zur chemischen Sterilisation von Straftätern eingesetzt wurden, werden hier plötzlich als Werkzeug der Selbstfindung verkauft.

Statt Kindern eine gesunde Entwicklung und altersgerechte Bildung zu ermöglichen, schiebt man ihnen ideologische Experimente unter. Das ist keine Fürsorge – das ist Wahnsinn!

Man glaubt, das Maß an Unfassbarem sei längst erreicht, doch es geht tatsächlich noch schlimmer!

Bereits vor etwa 30 Jahren wurde unter der Verantwortung des Sexualwissenschaftlers Helmut Kentler ein unfassbares Experiment durchgeführt: Pflegekinder wurden absichtlich in die Hände von Pädophilen gegeben – und das mit der grotesken Begründung, Nähe und soziale Kontakte zu fördern. Wie bitte? Kinder bewusst den Zugriffen solcher Menschen auszusetzen, war also Teil eines „progressiven" wissenschaftlichen Ansatzes?

Das war keine fortschrittliche Pädagogik, das ist eine moralische Bankrotterklärung, die einem nur noch die Sprache verschlägt. Aber halt, wir sind noch nicht am Tiefpunkt angekommen. Der nächste Abgrund lässt nicht lange auf sich warten: Kuschelräume in Kindergärten, die es fremden Männern mit einschlägigen Neigungen erlauben, mit Kleinkindern zu kuscheln und dafür, steht Familienministerin Paus mit ihrem Namen.

Und das Ganze wird dann auch noch unter dem Deckmantel von „Nähe und Zuneigung fördern" verkauft – als ob Pädophilie plötzlich ein moralisch wertvoller Beitrag zur frühkindlichen Entwicklung wäre. Pfui Teufel!

Wer auch immer solche Ideen hatte, gehört nicht in einen Kindergarten, sondern in ein ethisches Umerziehungsprogramm. Wie konnte es überhaupt so weit kommen, dass solche absurden und gefährlichen Konzepte ernsthaft diskutiert oder gar umgesetzt wurden? Das ist nicht nur eine moralische Verirrung, sondern ein eklatanter Verrat an den fundamentalsten Prinzipien einer aufgeklärten Gesellschaft. Kinder zu schützen – körperlich, seelisch und moralisch – ist keine Verhandlungsmasse für ideologische Experimente! Solche Praktiken gehören nicht in eine moderne, verantwortungsvolle Gesellschaft, sondern auf den Müllhaufen der Geschichte, wo sie zusammen mit anderen grotesken Fehlentwicklungen verrotten können.

Dass solche Ideen jemals realisiert wurden, ist ein Schlag ins Gesicht all jener, die den Schutz von Kindern wirklich ernst nehmen – und ein düsteres Mahnmal dafür, wie ideologische Verblendung die Schwächsten unserer Gesellschaft schutzlos macht. Es ist an der Zeit, nicht nur mit klarer Empörung, sondern auch mit unmissverständlicher Entschlossenheit zu handeln. Wer Kinder und ihre Würde so behandelt, hat kein Verständnis, keine Entschuldigung und keine Rechtfertigung verdient. Schluss mit solchen Perversionen im Namen von vermeintlicher „Offenheit" und „Nähe"!

Und als wäre das alles noch nicht bizarr genug, stellen wir uns doch die nächste Frage: Was in aller Welt haben Dragqueens im Kindergarten verloren, die dort an der Stange tanzen? Als wäre es die natürlichste Sache der Welt, dass ein Mann in Netzstrümpfen und Glitzer-High-Heels Kindern vorführt, wie man sich lasziv verrenkt. Natürlich wird das Ganze dann als „spielerische Vielfaltserziehung" verkauft – man möchte ja schon die Kleinsten für „Diversität" sensibilisieren. Ja klar, weil das wichtigste pädagogische Ziel für Vierjährige selbstverständlich darin besteht, die hohe Kunst des erotischen Tanzes zu bewundern. Und was sind das bitte für Eltern, die ihre Kleinkinder mit auf eine Loveparade schleppen, wo sich Erwachsene an der Hundeleine durch die Menge führen lassen? Vielleicht ein bisschen frühkindliche „Erlebniswelt BDSM" als neues Familienausflugsziel? Natürlich alles ganz bunt und tolerant, versteht sich. Man fragt sich unweigerlich, ob diese Eltern bei der Anmeldung im Kindergarten auch gleich fragen, ob es dort bald einen Fessel-Workshop gibt, um den Kleinen den nächsten "offenen Umgang mit alternativen Lebensformen" näherzubringen. Es ist doch absurd: Während wir angeblich alles tun, um Kinder vor schädlichen Einflüssen zu schützen, öffnen wir Tür und Tor für völlig ungeeignete, ja geradezu verstörende Erlebnisse – und das alles unter dem Deckmantel von „Fortschritt" und „Vielfalt". Was kommt als Nächstes?

Eine Kita-Themenwoche über „freies Leben im Fetisch-Milieu"? Oder eine „Toleranz-Rallye", bei der Kinder mit Regenbogenfahnen durch Darkrooms laufen dürfen, weil wir sie ja frühzeitig an alles heranführen müssen?

Solche Entwicklungen schreien nicht nur nach Empörung, sie schreien nach einer glasklaren Ansage: Schluss mit diesem Irrsinn! Kinder brauchen Schutz, Orientierung und Werte, keine Dragqueen-Performances und auch keine Loveparade-Einblicke. Es ist kein Fortschritt, wenn wir die Grenzen des Zumutbaren einfach abschaffen und stattdessen jedes absurde Experiment mit einem moralischen Feigenblatt versehen. Was wir dringend brauchen, ist gesunder Menschenverstand – und den am besten ohne Glitzer, ohne Hundeleine und ohne Dragshow im Kindergarten.

Und jetzt kommt der Teil, der wirklich zum Rätselraten einlädt: Warum gerade Frauen, insbesondere Feministinnen, diesen Irrsinn unterstützen, ist mir ehrlich gesagt ein völliges Mysterium. Waren es nicht Feministinnen, die jahrelang dafür gekämpft haben, Frauen aus Objektifizierung und sexualisierten Rollenbildern zu befreien? Und jetzt jubeln dieselben Stimmen Dragqueens zu, die nichts anderes tun, als Frauen in klischeehafte, überzeichnete Karikaturen ihrer selbst zu verwandeln – mit übertriebenem Make-up, knappen Outfits und Stöckelschuhen, auf denen sie wie Zirkusclowns durch die Gegend stolpern. Das ist doch nicht Empowerment, das ist eine Travestie von allem, wofür Frauenbewegungen einmal standen.

Und dann dieser groteske Einsatz für Dragshows in Kindergärten, als wäre das die Krone feministischer Errungenschaften. Ernsthaft? Wir sollen Kinder dazu erziehen, Diversität zu akzeptieren, indem wir sie gezielt mit übersexualisierten Darstellungen konfrontieren? Was hat das mit Gleichberechtigung zu tun? Gar nichts. Aber es scheint mittlerweile Mode geworden zu sein, jeglichen Unsinn als Fortschritt zu verkaufen, solange er unter dem Label „Vielfalt" läuft.

Es ist geradezu ironisch: Frauen haben jahrzehntelang für Schutzräume gekämpft – vor Übergriffen, vor toxischen Strukturen, vor sexualisierter Gewalt. Und jetzt? Da wird toleriert, dass Männer in Frauenkleidung sich diese Räume aneignen und dabei nicht selten selbst fragwürdige Botschaften verbreiten.

Wieso sind das ausgerechnet Feministinnen, die dies unterstützen? Es ist, als hätten sie ihre Prinzipien in eine Glitzerbox gepackt, mit Schleifchen versehen und einem absurden Zeitgeist geopfert, der vor allem eines nicht hat: Respekt vor der Realität.

Es wird Zeit, dass gerade Frauen, die in den vergangenen Jahrzehnten so viel erreicht haben, sich fragen, ob sie diesen Weg wirklich weitergehen wollen. Denn wenn der Schutz von Kindern, die Würde von Frauen und der gesunde Menschenverstand in einer Glitzerwolke verschwinden, dann ist der Preis für diese vermeintliche „Toleranz" einfach zu hoch.

Feminismus, bunte Vielfalt – klingt schön, oder? Doch in Wahrheit sind das oft nur Werkzeuge eines perfiden linken Machtgerangels, das uns Schritt für Schritt in einen totalitären Staat führen soll. Aber pssst, bloß nichts Kritisches sagen über Krawallbrüder und Messerstecher wie Hassan, Mohamed oder Achmet – ihre Gefühle könnten verletzt werden, und das geht natürlich gar nicht! Währenddessen werden christliche Kreuze abgehängt, aber die Burka? Die scheint, wenn es nach Claudia Roth ginge, bald zum neuen Modetrend zu werden. Heimatliebe, Familie, Kinder, Werte, Religion? Alles direkt in die Nazi-Schublade, bitte.

Meinungsfreiheit: Grundpfeiler der Demokratie

Die Meinungsfreiheit ist ein grundlegendes Merkmal jeder echten Demokratie. Sie erlaubt den Menschen, ihre Überzeugungen zu äußern, sich auszutauschen und auch Kritik an bestehenden Verhältnissen zu üben. Wenn jedoch die Meinung anderer zensiert oder gar verboten werden soll, wird dieser fundamentale Wert untergraben. Ein solches Vorgehen ist nicht demokratisch, sondern trägt vielmehr totalitäre Züge.

Meinungsfreiheit? In sozialen Netzwerken kaum mehr als eine schöne Erinnerung. Stattdessen boomt das Geschäft mit Spitzeln und Berufsdenunzianten, pardon, „Fakten Checkern". Unter ihrem Deckmantel wird jede unliebsame Meinung erstickt, natürlich alles im Namen der Moral und Gerechtigkeit. Willkommen in der Welt, wo die Kontrolle regiert und der gesunde Menschenverstand auf der Strecke bleibt.

Demokratie erfordert Meinungsvielfalt

In einer funktionierenden Demokratie gibt es keine absolute Wahrheit, sondern eine Vielzahl von Meinungen und Perspektiven. Gerade die Unterschiedlichkeit der Ansichten ist es, die Fortschritt und gesellschaftliche Entwicklung möglich macht. Indem man Kritik und gegensätzliche Standpunkte zulässt, wird eine offene und freie Debatte gefördert, die notwendig ist, um Entscheidungen auf breiter Basis zu treffen.

Zensur als Gefahr

Wenn Menschen versuchen, andere Meinungen zu unterdrücken, sei es durch rechtliche Mittel, gesellschaftlichen Druck oder den Vorwurf der Unzulässigkeit, wird die Grundlage für den demokratischen Diskurs zerstört. Zensur führt dazu, dass nur noch bestimmte Meinungen erlaubt sind, was nicht nur zu Einseitigkeit, sondern auch zu Frustration und Radikalisierung führen kann. Demokratie lebt vom Dialog, nicht von der Diktatur über die Gedanken anderer.

Kritik ist kein Angriff auf die Demokratie – sie ist ihr unverzichtbares Korrektiv. Gesellschaften, die Kritik unterdrücken, laufen Gefahr, in Selbstgefälligkeit und Fehlern zu verharren. Nur durch konstruktive Auseinandersetzung mit anderen Ansichten können Missstände erkannt und behoben werden. Kritik mag unbequem sein, doch sie ist ein Zeichen einer lebendigen Demokratie, die in der Lage ist, sich selbst zu hinterfragen und weiterzuentwickeln.

Eine demokratische Gesellschaft muss auch dann standhaft bleiben, wenn Meinungen geäußert werden, die unbequem oder sogar kontrovers sind. Die Meinungsfreiheit endet dort, wo sie andere in ihren Rechten verletzt – zum Beispiel durch Hetze oder Aufrufe zur Gewalt. Doch diese Grenzen dürfen nicht willkürlich ausgeweitet werden, um unliebsame Meinungen aus dem öffentlichen Diskurs auszuschließen. Wer Meinungsfreiheit nur dann akzeptiert, wenn sie den eigenen Vorstellungen entspricht, versteht nicht, was Demokratie wirklich bedeutet.

Fazit

Eine Demokratie, die keine abweichenden Meinungen zulässt, wird zur Farce. Der Versuch, andere Meinungen zu zensieren oder zu verbieten, spiegelt eine Haltung wider, die eher einem totalitären System gleicht. Die Stärke einer Demokratie zeigt sich nicht darin, wie gut sie Zustimmung organisiert, sondern wie konstruktiv sie mit Kritik und Vielfalt umgeht. Der Diskurs muss offen bleiben, denn nur so kann Demokratie lebendig, glaubwürdig und zukunftsfähig bleiben.

Die Brandmauer von links: Wenn ein Brett vor dem Kopf zur politischen Haltung wird

Die „Brandmauer von links" – das klingt ja erstmal beeindruckend, wie der Titel eines ambitionierten Theaterstücks oder einer neuen Netflix-Doku. Doch wer ein bisschen nachdenkt, merkt schnell: Diese Brandmauer ist nichts anderes als ein politisch korrektes Brett vor dem Kopf.

Stell dir vor, du diskutierst ganz locker über ein Thema, und plötzlich steht da diese unsichtbare Wand. Links von dir. Zack, Diskussion vorbei. Kein Durchkommen mehr. Du fragst: „Aber was wäre, wenn...?" und die Brandmauer antwortet: „NEIN!" Ohne Erklärung, ohne Umweg, wie eine politisch hyperkorrekte Schranke mit einem Schild: „Kein Zutritt für Gedanken außerhalb des festgelegten Narrativs."

Das Spannende an dieser Brandmauer ist, dass sie angeblich alles und jeden schützen soll – vor den bösen Rechten, vor falschen Meinungen, manchmal sogar vor der Realität selbst. Doch wie jede gute Brandmauer hat auch diese ein Problem: Sie blockiert nicht nur die Flammen, sondern auch die frische Luft. Man sitzt also irgendwann in einem stickigen Raum voller eigener Ansichten und wundert sich, warum keiner mehr mitspielen will.

Natürlich hat die Brandmauer auch Fans. Manche tragen sie regelrecht stolz vor sich her wie eine Art Ritterrüstung aus moralischer Überlegenheit. „Siehst du nicht, wie wichtig diese Mauer ist?" fragen sie dich mit ernstem Blick, während du denkst: „Klar, aber du läufst gerade mit einem Brett vor dem Kopf gegen die nächste Wand."

Am Ende bleibt die Erkenntnis: Eine Brandmauer kann sinnvoll sein, aber wenn sie zur Denksperre wird, gleicht sie einem dieser unüberwindbaren Zäune in schlechten Zeichentrickfilmen – mit dem einzigen Unterschied, dass sie hier die Freiheit einsperrt und den politischen Diskurs draußen lässt.

Aber Spaß beiseite, wer in einer demokratischen Gesellschaft sogenannte Brandmauern errichtet, signalisiert damit nicht nur Abgrenzung, sondern auch die bewusste Verweigerung des Dialogs. Diese Haltung, die darauf abzielt, bestimmte Menschen oder Gruppen systematisch auszugrenzen, hat bedenkliche Parallelen zu Verhaltensweisen, die wir in anderen Kontexten als Mobbing bezeichnen würden – etwas, das wir unseren Kindern als inakzeptabel vermitteln.

Die Brandmauer von links: Wenn „Toleranz" zur Einbahnstraße wird

In unseren Schulen lehren wir unseren Kindern, dass Mobbing – das gezielte Ausgrenzen und Abwerten anderer – falsch ist. Wir erklären ihnen, dass Respekt und ein offenes Ohr die Grundlage für ein friedliches Miteinander sind, auch wenn die Meinungen unterschiedlich sind. Doch was passiert, wenn dieselben Kinder von Lehrkräften – pardon, „Leerkörpern" – dazu angehalten werden, auf Demos mit Slogans wie „Nazis raus" gegen politische Gegner zu skandieren? Was für ein Vorbild geben wir ihnen dann?

Diese Brandmauer von links, die angeblich die Demokratie schützen soll, wird oft zur Abrissbirne für die Meinungsfreiheit. Es wird pauschal verurteilt, ausgegrenzt und etikettiert – ob gerechtfertigt oder nicht, spielt kaum noch eine Rolle. Wer eine konservative oder rechte Partei wählt, wird kurzerhand in die berüchtigte „Schublade" gesteckt. Die Message ist klar: „Du gehörst nicht dazu, und wir wollen mit dir nichts zu tun haben." Und das, liebe Freunde, nennt man in der realen Welt genau das, was wir unseren Kindern verbieten: Mobbing.

Das ist das große Paradoxon unserer Zeit: Ausgerechnet diejenigen, die sich als Hüter der Toleranz und Weltoffenheit inszenieren, errichten die undurchdringlichsten Brandmauern. Sie sprechen von Vielfalt, aber meinen nur ihre eigene. Sie predigen Toleranz, doch zeigen sie nur gegenüber denen, die ihre Ansichten teilen. Wer abweicht, ist „Feind der Demokratie". Und wenn die eigene Meinung schon als demokratische Tugend gilt, wird die Demokratie schnell zu einem exklusiven Club mit strenger Türpolitik.

Doch was lernen die Kinder daraus? Sie lernen, dass es in Ordnung ist, andere pauschal zu verurteilen, solange man sich moralisch im Recht fühlt. Sie lernen, dass Respekt und Dialog nur so lange gelten, wie der andere dasselbe denkt wie man selbst. Die pauschale Verurteilung ganzer Gruppen, ob politisch oder anders, ist jedoch keine Grundlage für ein konstruktives Miteinander – und fördert ganz sicher keine echte Demokratie.

Die Brandmauer von links ist längst kein Schutzwall mehr, sondern ein Brett vor dem Kopf, das verhindert, dass frische Gedanken hineinkommen. Und wenn wir nicht aufpassen, erziehen wir eine Generation, die zwar demonstrieren kann, aber vergessen hat, was Demokratie wirklich bedeutet: zuhören, verstehen und diskutieren – und nicht ausgrenzen, anschreien und verdammen.

Da ist es doch kein Wunder, dass die Menschen im Osten mit über 30 % die AfD wählen – und auch im Westen immer mehr keine andere Alternative mehr sehen. Wenn die eine Seite uns ständig predigt, dass es nur einen richtigen Weg gibt, den sie uns selbstverständlich erklären können, und die andere Seite dann noch Kinder als moralische Waffen benutzt, um Ideologien durchzusetzen, dann darf man sich wirklich nicht wundern, wenn bei so viel Gehirnwäsche irgendwann das Gegenteil der Fall ist.

Denn wer ernsthaft meint, in einer pluralistischen Gesellschaft den Weg zu einer einzigen, politisch korrekten Wahrheit zu führen, der ist irgendwie gründlich falsch abgebogen. Das ist nicht „woke" und „modernen", das ist, „zurück in die Vergangenheit!" In eine Zeit, in der Ideologien wie ein dicker Mantel über die Köpfe der Menschen gestülpt wurden, mit der Prämisse: „Glaub das oder geh nach Hause!"

Es ist fast schon rührend, wie sich diese selbsternannten „Fortschrittlichen" immer wieder in einen Sumpf aus Widersprüchen verstricken, während sie sich selbst auf die Schultern klopfen. „Seht her, wir sind die Hüter der Aufklärung!" – während sie Kinder auf Demos mitnehmen, um gegen böse, böse Nazis zu schreien und dabei selbst das Schubladendenken in seiner reinsten Form predigen. Und dabei glauben sie tatsächlich, dass das irgendwie „cool" ist. Nein, das ist nicht cool, das ist 1984 im 21. Jahrhundert, wo der „Große Bruder" nicht mehr durch den Staat, sondern durch die moralische Überlegenheit von politischen Lehrmeistern verbreitet wird.

Und dann wundern sich die gleichen Leute, dass immer mehr Menschen das Gefühl haben, dass ihre Meinung keine Stimme mehr hat. Aber wer will schon auf die gut gemeinten Ratschläge hören, wenn der Weg zu einer offenen, pluralistischen Gesellschaft nur durch eine Einbahnstraße führt?

Pauschalisierung als Gefahr

Die undifferenzierte Gleichsetzung von konservativen oder rechten Positionen mit Extremismus oder gar Nationalsozialismus ist nicht nur sachlich falsch, sondern auch gefährlich. Sie zerstört die Möglichkeit zum Dialog und treibt die Spaltung der Gesellschaft voran. Demokratie lebt davon, dass unterschiedliche Meinungen – auch solche, die einem nicht gefallen – in einen offenen Diskurs eingebunden werden. Wer stattdessen Mauern errichtet, versperrt den Weg zu einem echten Austausch.

Doppelstandards in der Sprache

Wenn führende Politiker einerseits zu Recht respektvollen Umgang fordern und sich über abwertende Begriffe wie „Schwachkopf" empören, andererseits aber zulassen, dass ganze Wählergruppen als „Nazis" diffamiert werden, offenbart sich ein problematischer Doppelstandard. Diese Haltung untergräbt nicht nur die Glaubwürdigkeit, sondern auch die demokratische Kultur. Respekt und Differenzierung müssen für alle gelten – unabhängig von politischer Gesinnung.

Brandmauern überwinden

Anstatt Brandmauern zu errichten und Gräben zu vertiefen, sollte das Ziel sein, Brücken zu bauen. Eine Demokratie wird stärker, wenn sie Vielfalt zulässt und auch schwierige Diskussionen führt, anstatt diese durch Ausgrenzung zu vermeiden. Kinder lernen am meisten durch Vorbilder. Wenn wir ihnen ein respektvolles Miteinander vorleben und zeigen, dass wir auch in kontroversen Fragen den Dialog suchen, statt auf Abwertung zu setzen, geben wir ihnen die besten Werkzeuge für die Zukunft.

Fazit

Brandmauern zu errichten, bedeutet nicht Stärke, sondern eine Verweigerung des demokratischen Diskurses. Es ist der einfachere Weg, sich abzugrenzen, anstatt die Mühe auf sich zu nehmen, andere Meinungen zu verstehen und sich mit ihnen auseinanderzusetzen. Doch genau diese Mühe ist es, die eine gesunde Demokratie ausmacht. Wer Brandmauern baut, hat nicht nur ein „Brett vor dem Kopf", sondern auch eine Lektion in Demokratie und Respekt versäumt. Wir sollten unseren Kindern zeigen, wie echter Dialog und gelebte Demokratie aussehen – ohne Mobbing, ohne Ausgrenzung und ohne pauschale Urteile.

Politiker und Politikerinnen: Vom Herrscher zum Diener – Zeit für den Rollentausch!

Es gibt da diese Politiker und Politikerinnen, die sich immer wieder gerne in ihren übergroßen Stühlen niederlassen, den Kaffee in der Hand, die Aktenstapel vor sich und das Gefühl, die Welt sei ein Spielplatz, auf dem sie die Marionetten ziehen. Sie denken, sie seien die Chefs – aber mal ehrlich, haben sie vergessen, wer wirklich den Boss spielt? Spoiler: Es ist das Volk.

Manchmal habe ich das Gefühl, Politiker sind wie Kinder, die mit einem Spielzeugset für Erwachsene in die Politik eingetreten sind. Sie haben den „Diener des Volkes"-Button gedrückt, ohne zu wissen, was der wirklich bedeutet. Stattdessen drücken sie ständig den „Ich bin der Chef"-Knopf, der nur dazu führt, dass wir uns alle fragen, wann der wirklich gute Clown-Dienst beginnt.

Vielleicht sollten diese Politiker mal verstehen, dass ihr Job nicht darin besteht, uns zu erzählen, was wir zu tun haben, sondern vielmehr darin, zuzuhören und zu reagieren – wie ein Kellner in einem überfüllten Restaurant, der regelmäßig vergisst, wer die Rechnung bezahlt. Die Wahrheit ist doch, sie sind nicht die Herrscher, sondern die Diener – der einzige Job, den sie wirklich haben, ist, uns unser politisches „Essen" zu bringen, ohne dass wir nach jeder Bestellung sagen müssen: „Entschuldigung, aber das ist kalt und versalzen!"

Stellt euch vor: Politiker, die sich bei ihrer Arbeit wirklich als Diener verstehen – der Ministerpräsident als der nette Ober, der im Anzug mit Krawatte den Kaffee serviert und sich entschuldigt, weil er das „Guten Morgen!" zu spät gesagt hat. Vielleicht würden sie dann auch verstehen, dass ihre Macht nicht im großen Reden und im Aufblasen ihrer Wichtigkeit liegt, sondern im leisen Zuhören und der ehrlichen Verantwortung für das Wohl derer, die sie gewählt haben.

Aber hey, vielleicht ist das alles zu viel verlangt. Vielleicht sind wir einfach nicht bereit für den revolutionären Gedanken, dass Politiker wirklich *uns* dienen – nicht umgekehrt. Aber vielleicht, nur vielleicht, könnten sie ja mal beim nächsten Wahlkampfversprechen „Weniger Reden, mehr Hören" einbauen. Oder, noch besser: „Mehr Schürze, weniger Krawatte."

Die Bürokratie in Brüssel: Ein Krebsgeschwür auf Steuerzahlerkosten

Es ist keine absurde Vorstellung mehr, sondern ein **unbestreitbarer Fakt**, dass sich die Bürokratie in Brüssel und Berlin immer weiter ausbreitet – wie ein Krebsgeschwür, das nichts anderes im Sinn hat, als die Steuerzahler mit immer neuen Vorschriften und Firlefanz zur Kasse zu bitten. Und während die Beamten in ihren klimatisierten Büros sitzen, scheint ihr einziger Job darin zu bestehen, sich die nächsten Regulierungen auszudenken, die uns alle im wahrsten Sinne des Wortes auf die Palme bringen.

Warum braucht es für jedes kleinste bisschen Bürokratie eine ganze Armada von „Experten"? Warum müssen wir als Steuerzahler ganze Heerscharen von Beamten beschäftigen, die nichts anderes tun, als uns mit immer neuen, unnötigen Vorschriften zu quälen? **Für den nächsten bürokratischen Firlefanz brauchen wir eine Armee**, und die hat wenig mit dem echten Bedarf der Bürger zu tun. Stattdessen werden immer neue Regelungen auf den Tisch gepackt, die keinen anderen Zweck haben, als uns zu schikanieren und das öffentliche Leben noch schwerfälliger zu machen.

Und als ob das noch nicht genug wäre, belegt ein Artikel in der *Bild* vom Jahr 2023, dass die **Zahl der Regierungsmitarbeiter auf Bundesebene** erstmals **die Rekordmarke von 30.000 überschritten** hat! Diese Beamten kosten uns jeden Monat zwischen **9.000 und 15.000 Euro** – und das alles ohne Zulagen und Ministerialprämien. Und dann fragen sich dieselben Leute ernsthaft, warum nicht nur die **Krankenkassenbeiträge** steigen! Die Antwort ist einfach: **Weil das Geld woanders verschwendet wird!**

Aber das ist noch nicht alles. Jetzt kommt auch noch Habeck mit seiner glänzenden Idee von **Sozialabgaben auf Kapitalerträge** – was er selbst aber nicht einmal richtig versteht. Und dann wird noch behauptet, es ginge nur um Millionäre, die sowieso nie arbeiten, laut Baerbock. **Wer das glaubt, sollte sich dringend fragen, wie tief die eigene Naivität wirklich geht.**

Die wahre Frage, die sich niemand stellt, lautet: **Hat diese gigantische Steigerung der Bürokratie etwa mit der Migration zu tun?** Vielleicht liegt hier ein großer Teil des Problems, aber anstatt zu hinterfragen, wird die Diskussion in endlosen, unnötigen Bürokratie-Schleifen ertränkt. Währenddessen bezahlen wir weiter – mit steigenden Steuern und immer höheren Abgaben.

Es wird Zeit, dass die Politiker endlich begreifen, dass sie **Diener des Volkes** sind, nicht dessen Herrscher. Und es ist höchste Zeit, dass diese Bürokraten in Brüssel und Berlin mal wieder den Grundsatz verinnerlichen: **Der Kunde ist der Steuerzahler – und der will keinen weiteren Firlefanz!**

Stattdessen wird weiter auf den Steuerzahlern herumgetrampelt, als wären sie der billige Fußabtreter für die nächste große Politikshow.

Ja, es ist wirklich zum Lachen – wenn man nicht gerade jeden Monat selbst das Gefühl hat, bei diesem Zirkus ordentlich zur Kasse gebeten zu werden.

Planwirtschaft: Der große "Bauernmarkt der Utopien" – Jetzt auch in der linken Ideologie!

Eine Planwirtschaft – das klingt erstmal nach einem gemütlichen Sonntagsspaziergang auf dem Land, oder? **„Planwirtschaft: Ein System, bei dem alles geplant wird, damit auch wirklich nichts funktioniert!"**, könnte der Untertitel dieser idyllischen Idee lauten. Aber Spaß beiseite: Eine Planwirtschaft ist eine Wirtschaft, in der der Staat sämtliche Produktionsmittel kontrolliert und Entscheidungen darüber trifft, was produziert wird, in welchem Umfang und zu welchem Preis – und das alles in einer **überambitionierten Zentralplanung,** die so viel Sinn macht wie ein Einkaufszettel, der von einem Hamster geschrieben wurde. Kurz gesagt: **Der Markt wird von oben regiert, die Flexibilität wird in den Keller gesperrt und der Wettbewerb kommt in eine staatlich verordnete Auszeit.**

Jetzt kommen wir zu den besonders interessanten Akteuren der modernen Planwirtschaft: **den Feministinnen**, die mit Herzblut, aber ohne besonders viel Verstand, diesen „Wirtschaftskrepierer" aus der DDR 2.0 vorantreiben. Es ist ein bisschen wie ein schlecht durchdachtes Comeback eines Kultfilms, den niemand mehr sehen will, aber plötzlich ist er wieder in den Kinos und jeder fragt sich, wie das passieren konnte.

Warum sind ausgerechnet manche Feministinnen so heiß auf diese Idee, die in der DDR glänzend gescheitert ist? Vielleicht, weil sie glauben, dass die **Planwirtschaft eine gleichberechtigte Utopie** ist – dass, wenn der Staat die Zügel in die Hand nimmt, auch die Ungleichheit zwischen den Geschlechtern in den Tiefen der bürokratischen Aktenordner verschwinden wird. So stellen sie sich das vor: Ein Plan, der nicht nur dafür sorgt, dass Frauen mehr in Führungsetagen sind, sondern auch die verhassten „Gläsernen Decken" abschafft – natürlich, indem der Staat alles kontrolliert, weil freie Märkte viel zu chaotisch sind.

In diesem schönen neuen Planwirtschafts-Universum ist der Staat der große Onkel, der nicht nur dafür sorgt, dass wir alle gleich viel verdienen, sondern auch dafür, dass niemand mehr das Gefühl hat, zu viel Eigenverantwortung zu haben. „Feminismus durch Zwang" lautet das Motto, und wenn sich jemand weigert, sich in den Plan einzufügen, dann wird er einfach **zertifiziert** – natürlich durch eine **offizielle Behörde**, die eine ganz eigene Vorstellung von Gleichberechtigung hat.

Dabei könnte man sich wirklich fragen: Was haben diese Feministinnen eigentlich von einem Plan, der in der Praxis genauso gut funktioniert wie ein kaputter Fernseher? Wer wirklich glaubt, dass **Planwirtschaft und Feminismus Hand in Hand** gehen, hat offensichtlich den *Stasi*-Film durch die rosarote Brille geschaut. Und dabei vergessen sie völlig: **Das Problem in der DDR war nicht nur, dass der Staat alles kontrolliert hat, sondern auch, dass die Menschen bald nichts mehr kontrollieren konnten – ihre Freiheit, ihre Meinungen und, ja, auch ihre Träume.**

Feminismus sollte Freiheit und die Wahlmöglichkeiten fördern – nicht noch mehr Bürokratie und Regulierungen, die uns vorschreiben, was gut für uns ist. Der echte Fortschritt kommt durch **Innovation, Freiheit und, vor allem, ein Wirtschaftssystem, das den Markt die besten Ideen hervorbringen lässt.**

Also, liebe Feministinnen, **vergesst die Planwirtschaft**, holt eure Ideen aus der Vergangenheit zurück, und lasst uns in der Zukunft neue Wege finden – ohne die Anordnung der Staatszentrale! Denn der beste Weg, Gleichberechtigung zu erreichen, ist nicht über Zwang, sondern durch echte Freiheit und die Möglichkeit, sich selbst zu entfalten.

Planwirtschaft und Feminismus: Ein Rezept für Chaos – mit Staatszentrale als Babysitter!

Ach, die gute alte DDR! Ein wahres Paradies für die **Planwirtschaft**, wo der Staat alles wusste, alles plante und natürlich auch alles entschied – sogar, was du zu träumen hattest. Und ja, natürlich auch, wie viele Kinder du haben solltest und wie du sie zu erziehen hattest, damit sie in den Sozialismus hineinwuchsen, wie das perfekte Puzzleteil, das nie die falsche Form hat.

Es ist übrigens ein weit verbreiteter **Mythos**, dass Frauen in der DDR „gleichberechtigter" waren als ihre Männer. Klar, sie durften **auch arbeiten gehen**, aber nicht, weil der Staat plötzlich so ein Herz für die Emanzipation hatte. Nein, der sozialistische Staat verlangte einfach, dass **alle arbeiten gingen** – weil der Sozialismus auf harter Arbeit, Stundenzettel und einer Armee von fleißigen, gleichgeschalteten Arbeitnehmern beruhte. Und ja, auch die Mütter mussten ihren Teil dazu beitragen!

Also, was tat man mit den Kindern? **Die kamen nicht etwa zu Mama, die ja schließlich bei der Arbeit war und den sozialen Fortschritt vorantreiben musste.** Nein, die wurden in staatliche Einrichtungen gesteckt, **damit die Mutter brav in der Fabrik schuften konnte**, während der liebe Staat darauf achtete, dass die Kleinen keine falschen Ideen entwickelten. Natürlich nicht aus Mangel an Liebe – der Staat hatte schließlich genug, um die Kinder zu erziehen. Und was haben sie gelernt?

Nun, Kinder wurden dort nicht etwa in einer Umgebung aufgezogen, die ihre Individualität förderte oder ihnen beibrachte, selbstständig zu denken – oh nein, das war viel zu riskant für den Sozialismus! Sie wurden zu kleinen, systemkonformen Bürgern erzogen, die später ihren Platz in der Gesellschaft einnahmen – und das natürlich, ohne sich je zu fragen, ob sie nicht auch mal eine Meinung haben könnten, die nicht aus einem sozialistischen Lehrbuch stammt. Und wenn doch, dann gab es die passende Schulung, um das Gehirn wieder „auf Linie" zu bringen.

Jetzt stellt euch vor: In dieser wundervollen Planwirtschaft, in der alles geregelt und organisiert ist – die Frauen dürfen arbeiten, aber nur, weil der Staat das so will – stellen sich moderne Feministinnen heute vor, das System von damals zurückzuholen, aber in einer **modernen Version**. Sie träumen von einer perfekten Welt, in der der Staat nicht nur die Wirtschaft regelt, sondern auch noch das Leben der Menschen. **Warum nicht? Der Staat wusste doch schon in der DDR, wie er uns glücklich machen kann, oder etwa nicht?**

Vielleicht fällt es ja auf: Der sozialistische Staat hatte nicht wirklich viel übrig für echte **Gleichberechtigung**. Er wollte nur, dass alle ihren Beitrag leisten und sich nicht über den Plan hinwegsetzen. Es war also weniger eine „Emanzipation", die den Frauen in der DDR zuteilwurde, sondern einfach eine **Arbeitskraft**. Jeder hatte seine Pflicht – auch die Frauen. Der wahre Fortschritt lag da nicht in der Möglichkeit zur Selbstverwirklichung, sondern im Zwang zur **Arbeitsteilung**.

Und das Beste daran? **Die Kinder waren sowieso alle staatlich versorgt**, also musste sich niemand Sorgen machen, dass die kleinen Genossen nicht richtig sozialistisch erzogen würden. Der Staat war der perfekte Babysitter – und, ach ja, der perfekte Ideologe dazu. Vielleicht dachten die Damen damals wirklich, sie hätten es „geschafft", aber sie haben einfach nur das gleiche gemacht wie ihre Männer – nur ohne den Luxus, irgendwann mal Feierabend zu haben. Wenn also heute noch jemand in den Diskurs um die **„gute alte DDR"** einsteigt und meint, sie sei ein Paradies für Frauen gewesen, dann sollte man sie mal fragen, ob sie wirklich „gleichberechtigt" waren – oder ob sie einfach nur, wie alle anderen, in einem System festhingen, das die Freiheit als **Luxusgut** betrachtete und den Rest der Bevölkerung in einem fein abgestimmten Rädchen des Plansystems einsetzte. Und falls die Antwort darauf immer noch „Ja" lautet – na, dann weißt du, was bei der nächsten Wahl zu tun ist: Das Herz für den Sozialismus wiederfinden, das Gehirn aber ausschalten!

Kubicki, Faeser und Göring-Eckardt: Zeitreise in die DDR – und sie haben den Rückflug verpasst!

Es scheint, als würde die Vergangenheit manchmal einfach nicht loslassen wollen – zumindest bei manchen Politikern. **Kubicki** hat kürzlich die **Faeser** der „autoritären DDR-Denkweise" bezichtigt, weil sie die Meinungsfreiheit in Deutschland mit allerlei neuen Einschränkungen belegen will. Die **Faeser** als Modernisierungsexpertin für die Meinungsfreiheit, sozusagen! Wer hätte gedacht, dass sie in diesem Zusammenhang einen Kurs auf die gute alte DDR-Nostalgie einschlägt, wo man die freie Meinungsäußerung in etwa so hoch hielt wie ein altes Rostauto? **Doch statt „Wandel durch Annäherung" gibt es jetzt wohl „Wandel durch Einschränkung".**

Aber Moment mal – das war noch nicht alles! Die **grüne Göring-Eckardt**, die ja, wie wir wissen, aus der DDR stammt, könnte fast als **Zeitreise-Beauftragte** durchgehen. Auch sie scheint ab und zu den **DDR-Knopf zu drücken** und zu fragen: „Was wäre, wenn wir das Ganze nochmal machen würden – aber diesmal mit illegalen Migranten im Schlepptau und einem Plan für mehr Klimaschutz?" Vielleicht haben die Damen von damals ja wirklich ein nostalgisches Heimweh nach den guten alten Zeiten, als der Staat **alles wusste, was zu denken ist** – und wehe, du hast deinen Mund aufgemacht!

Lebt da etwa noch ein kleiner Teil der DDR in ihnen, der denkt, die **Verstaatlichung von Meinungen** sei der richtige Weg? Wenn es nach diesen Damen ginge, hätte man bald nicht mehr nur eine Einheitspartei, sondern auch eine **Einheitsmeinung** – wer abweichende Gedanken hat, kommt in den geistigen „Umerziehungslager" für die freie Rede. Natürlich alles schön verpackt in „konstruktive" Dialoge und „antifaschistische" Rhetorik, versteht sich. Wahrscheinlich hat man das in der DDR auch so gemacht – nur ohne den modernen grünen Touch!

Also, Kubicki hat da schon einen richtigen Punkt: **Die Damen von heute leben noch ein bisschen in der Vergangenheit.** Vielleicht möchten sie es ja mit einem kleinen **Weltreise-Trip** tun und die DDR mal als „verlorenes Paradies" wiederentdecken – natürlich inklusive der Überwachung, der politischen Correctness und der ewigen Liste der Dinge, über die du nicht sprechen solltest. Aber dann, so ganz unter uns, muss man sich schon fragen: Wenn sie wirklich in der Vergangenheit leben, was machen sie dann in der Zukunft? **Und warum lassen sie uns alle in dieser Zeitmaschine mitfahren?**

Vielleicht gibt es ja irgendwann eine politische **„DDR-Retro"-Show**, wo die Damen wieder in ihre alten Rollen schlüpfen können – aber diesmal auf die Art und Weise, dass der Zuschauer auch mal herzlich lachen kann.

Man stelle sich vor: Die Kinder von heute sitzen in ihren modernen, mit Tablets ausgestatteten Klassenzimmern – bereit, die Welt zu erobern – und dann kommt sie rein: **Frau Kunze, die DDR-Lehrerin im Retro-Stil.** Ihr Unterrichtsprinzip? **Noten? Nein, danke! Haltung? Aber bitte mit Sternchen!** Denn wer braucht schon Wissen in Mathe oder Englisch, wenn man im Stuhlkreis perfekt erklären kann, warum der Sozialismus eigentlich eine prima Idee ist, wenn da bloß nicht immer die Realität dazwischengefunkt hätte?

Die Kids von heute würden vermutlich schon beim ersten „Staatsbürgerkunde"-Unterricht heulend um ihre TikTok-Videos betteln. Anstelle von Chemieexperimenten gibt's einen Vortrag darüber, wie großartig es ist, wenn der Staat alles plant – und ja, auch dein Mittagessen. Statt „Wer wird Millionär?" gibt es dann „Wer wird Kollektivbauer?". Spoiler: Niemand wird's. Aber Hauptsache, die **Haltung stimmt**, wenn's um die Liebe zum Sozialismus geht.

Das Beste wäre aber vermutlich die **Zeugnisausgabe in der neuen, alten DDR-Schule.** Keine Angst mehr vor einer Fünf in Physik, solange du die richtige Haltung gegenüber der Staatsdoktrin zeigst.

„Deine Note in Mathe ist zwar eine glatte Sechs, aber deine Begeisterung für den Kombinatstag hebt alles auf – wir drücken mal ein Auge zu!"

Und wehe, jemand wagt es, in Geschichte zu fragen, ob die DDR nicht vielleicht doch ein paar Probleme hatte. Das wäre ja fast wie Hochverrat! Stattdessen lernen die Kinder, wie toll die Trabi-Industrie war („Vorsprung durch Pappe!") und dass der Mauerbau „eine Schutzmaßnahme" gegen den Wilden Westen war – nicht, dass da jemand auf die Idee kommt, andere Meinungen zu haben.

Aber ehrlich: **Kinder von heute würden die alte DDR-Lehrerin vermutlich innerhalb von fünf Minuten mit ihren Fragen in den Wahnsinn treiben.** „Warum gab's damals keine Influencer?" „Gab's wirklich nur eine Eissorte?" Oder der ultimative Horror für Frau Kunze: „Was genau war eigentlich so toll am Sozialismus, wenn am Ende alle in den Westen wollten?"

Die Wahrheit ist: Unsere Kinder wollen lieber lernen, wie sie Raketen ins All schießen oder ihre eigenen Apps programmieren – nicht, wie man eine **perfekte Haltung für den Staatsapparat** entwickelt. Am Ende bleibt nur eine Erkenntnis: **DDR-Lehrerinnen gehören in Geschichtsbücher, nicht ins Klassenzimmer.** Und wenn wir ehrlich sind, war Haltung auch damals kein Ersatz für Können – außer, man wollte einen guten Platz im Politbüro.

Und da sind wir wieder am Anfang des Kreises angekommen – bei den **feministischen Quotenfrauen** in Politik und Medien. Sie sind der lebende Beweis dafür, dass **Haltung heute alles ist**. Abschluss? Expertise? Ach was, wer braucht das, wenn man mit den richtigen Schlagworten um sich werfen kann und dabei so empört guckt, dass selbst ein grantiger Hausmeister seinen Besen beiseitelegt?

Früher hätte man sich noch gefragt, ob man für einen Top-Job vielleicht so etwas wie **Fachwissen** oder zumindest eine Ahnung von der Materie braucht. Heute ist das Schnee von gestern – das Wichtigste ist, dass man **Haltung zeigt**. Und Haltung heißt in diesen Kreisen meistens, die richtigen Parolen zu plappern und den moralischen Zeigefinger so routiniert zu schwingen, dass er fast ein Eigenleben entwickelt.

Man fragt sich schon, wie der Lebenslauf solcher Quotenfrauen aussieht:
„Studium? Abgebrochen, weil die Uni ein Hort des Patriarchats war. Berufserfahrung? Twitter-Expertin mit Schwerpunkt auf Empörung. Besondere Fähigkeiten? Kann in einem Satz mindestens drei Wörter wie ‚woke‘, ‚toxisch‘ und ‚strukturell‘ unterbringen."
Aber hey, warum auch kleckern, wenn man klotzen kann – zumindest mit den richtigen Hashtags.

Und dann sind da die Auftritte in Talkshows. Sie sitzen auf dem Podium, die Arme dramatisch verschränkt, den Blick so ernst wie ein Oberlehrer kurz vor der Klassenarbeit, und dann kommt der Moment: **„Das Problem ist nicht, dass wir zu wenig Expertise haben. Das Problem ist, dass wir zu wenig Haltung zeigen!"** Tosender Applaus von Menschen, die das genauso sehen, weil sie sich selbst für die „Guten" halten.

Es ist ein bisschen wie eine moderne Version des Sozialismus, nur eben feministisch lackiert. Statt der alten DDR-Lehrerin, die ihre Schüler nach „sozialistischer Einstellung" bewertet, stehen jetzt **Quotenpolitikerinnen** und Medien-Powerfrauen auf der Bühne und erklären uns, warum ihre Haltung allein schon reicht, um die Welt zu retten. Und wehe, jemand hat die Dreistigkeit, nach Fachwissen zu fragen. **Das wäre ja strukturell diskriminierend!**

Aber die Krönung ist, wenn sie dann anfangen, anderen Leuten vorzuschreiben, wie sie ihr Leben zu führen haben. „Ihr müsst nachhaltiger leben!" tönt es aus dem SUV, der vor dem Fernsehstudio parkt. „Ihr müsst weniger fliegen!" erklärt die Dame, die gestern noch auf einer Konferenz in New York war, um über die Bedeutung von Haltung zu sprechen.

Am Ende bleibt nur eine Erkenntnis: **Es geht nicht mehr darum, was du kannst, sondern was du darstellen kannst.** Haltung ist das neue Diplom, Empörung die neue Kompetenz, und Moral der Ersatz für Fachwissen. Der Kreis schließt sich, und wir sitzen staunend daneben und fragen uns: **„Hätte ich doch mal weniger gelernt und mehr Haltung gezeigt!"** Aber keine Sorge, vielleicht kriegen wir ja alle noch eine Quotenquote, damit auch wir irgendwann bei dieser selbsternannten Elite mitmischen dürfen.

Eine dieser feministischen Haltungsdamen, die sich für besonders schlau hält, ist Bosetti

Man kennt sie: Die Sorte Mensch, die jeden Satz so spricht, als sei er gerade eben vom Olymp der Weisheit herabgereicht worden. Und in dieser Disziplin ist Sarah Bosetti ungeschlagene Meisterin. **Eine feministische Haltungsdame par excellence, die sich für besonders schlau hält – und das auch bei jeder Gelegenheit zeigt.** Doch leider gibt es da ein kleines Problem: Bosettis Humor hat ungefähr so viel Schlagkraft wie ein nasses Handtuch, das verzweifelt versucht, ein wildes Lagerfeuer zu löschen.

Einer ihrer Glanzauftritte? Sie bezeichnete die AfD-Wähler als **„Blinddarm der Gesellschaft"**. Man könne gut ohne sie leben, sie seien unnötig und gehörten am besten entfernt. Bosetti hat damit nicht nur bewiesen, dass sie den politischen Diskurs gerne auf das Niveau einer Darmoperation bringt, sondern auch, dass sie offenbar die Funktion eines Blinddarms besser versteht als die einer Demokratie. Man möchte fast fragen: **Hat sie ihr Filmstudium tatsächlich mit einem Praktikum in Pathologie verwechselt?**

Apropos Studium: Ja, Bosetti hat tatsächlich ein Studium im Bereich Film abgeschlossen – und da wird einiges klar. Es erklärt, warum ihre „Comedy" oft den künstlerischen Anspruch eines Experimentalfilms hat, den nur der Regisseur versteht. Vielleicht plant sie ja schon ihren nächsten Coup: **„Bosetti im Wunderland der Haltung"**, ein tragikomisches Werk über eine Heldin, die mit erhobenem moralischen Zeigefinger durch eine Gesellschaft irrt, die einfach nicht begreifen will, dass sie alles falsch macht.

In diesem Film gibt es wahrscheinlich keine Handlung, aber viele Monologe. Besonders über toxische Männer wie Thomas Gottschalk oder Dieter Nuhr, die für Bosetti offenbar so bedrohlich sind wie ein Schneesturm in der Karibik. **Gottschalk, der Jahrzehnte lang Millionen unterhalten hat, und Nuhr, der tatsächlich Humor hat, Gefährlich toxisch!** Schließlich sind sie keine Mitglieder des Haltungsadels, der die Welt belehren will, sondern Menschen, die tatsächlich eine eigene Meinung haben.

Bosettis Auftritte gleichen weniger einem Comedy-Programm und mehr einer Vorlesung im Fach „Selbstgefälligkeit 101". Ihr Publikum? Meistens brav klatschend, aber mit leicht verunsicherten Gesichtern, als hätten sie das Gefühl, nicht wirklich zu verstehen, worum es gerade geht – aber klatschen muss man ja, sonst wird man noch als „rechtsoffen" abgestempelt. **Wahrscheinlich stehen irgendwo Pappschilder mit der Aufschrift „Applaus jetzt!", um das Ganze ein wenig anzukurbeln.**

Es gibt einen ironischen Twist in all dem: Bosetti, die so gerne über andere herzieht, hat selbst erstaunlich wenig Substanz zu bieten. Haltung, ja. Meinung, natürlich. Aber Humor? Tiefgang? **Fehlanzeige.** Vielleicht hat sie sich in der Rolle der feministischen Lehrmeisterin so sehr verloren, dass sie vergessen hat, worum es bei Comedy eigentlich geht – nämlich darum, Menschen zum Lachen zu bringen, nicht zum Augenrollen.

Am Ende bleibt von Bosettis Mission nur eines hängen: eine große Portion Selbstgerechtigkeit und das Gefühl, dass sie wohl eine der wenigen ist, die sich selbst für brillant hält. Und man fragt sich: **Ist sie wirklich so überzeugt von sich, oder spielt sie einfach nur die Hauptrolle in ihrem eigenen Film?** Wenn das so ist, hoffen wir, dass der Abspann bald kommt.

Nicht dass Sie mich falsch verstehen – ich bin selbst eine Frau und habe großen Respekt vor all den **klugen, witzigen und weltoffenen Frauen**, die sich nicht scheuen, über ihren eigenen Tellerrand zu schauen. Aber wenn ich mir manche selbsternannte „feministische Vordenkerinnen" anschaue, die mit erhobenem moralischem Zeigefinger und einem scheinbar unerschöpflichen Vorrat an Haltung durch die Gegend stolzieren, muss ich mich manchmal fragen: **Warum fallen ausgerechnet Frauen so oft auf ideologischen Mist herein?** Es ist fast, als hätten einige einen sechsten Sinn dafür, **die falschen Fahnen besonders hochzuhalten.**

Nehmen wir Bosetti, das wandelnde Mahnmal der Wokeness, das jedes Gespräch wie eine Art feministischen Gottesdienst führt. Sie erklärt uns die Welt, immer mit dem unterschwelligen Unterton: **„Wenn ihr anderer Meinung seid, seid ihr dumm oder böse – oder beides!"** Dabei hat sie in ihren Monologen eine bemerkenswerte Fähigkeit, ihren eigenen ideologischen Käfig für ein Luftschloss zu halten. Witzig? Nein. Belehrend? Absolut. Und ihr Publikum? Klatscht brav, wie man es bei einer besonders strengen Lehrerin eben tut, weil man sonst in der Ecke stehen muss.

Das Problem ist nicht, dass Bosetti Haltung hat – das ist ja an sich keine schlechte Sache. Das Problem ist, dass sie Haltung mit **Ideologie auf Autopilot** verwechselt. Es scheint fast so, als hätte sie in ihrem feministischen Filmstudium eine Nebenrolle als Chefanbeterin von Männern mit Größenwahn angenommen – ein Rollenmuster, das sich historisch erstaunlich oft wiederholt.

Die Faszination für Charisma jenseits der Vernunft

Man muss sich das mal auf der Zunge zergehen lassen: **Hitler hatte treue Verehrerinnen.** Frauen, die seinem „Charisma" verfallen waren, obwohl er optisch eher, wie ein schlecht gelaunter Staubsaugervertreter wirkte, der gerade erfahren hat, dass seine Monatsquote unerreichbar ist. **Unfassbar, oder?** Aber es zeigt, wie sehr Menschen, insbesondere Frauen, manchmal weniger auf die Verpackung und mehr auf die Rhetorik hereinfallen können – auch wenn der Inhalt hochgiftig ist.

Und wenn Sie denken, dass dieses Phänomen mit dem Staubsaugervertreter des 20. Jahrhunderts gestorben ist, dann schauen Sie mal genauer hin. **Heute haben wir ähnliche Kandidaten – moderne Ideologen mit futuristischen Agenden,** die weniger in Uniform, dafür aber in schicken Anzügen auftreten. Klaus Schwab und Yuval Noah Harari lassen grüßen! Schwab, der „große Visionär" des World Economic Forum, der regelmäßig so klingt, als habe er persönlich beschlossen, wie die Menschheit gefälligst zu leben hat. Und Harari, sein intellektueller Sidekick, der mit seinen düsteren Prophezeiungen über das Ende der Arbeit und den Aufstieg der KI ganze Hörsäle begeistert – und dabei nicht vergisst, darauf hinzuweisen, dass er alles besser weiß als wir alle zusammen.

Angela Merkel? Die war entzückt. Besonders von Harari, dessen scharfer Verstand sie bewunderte – obwohl er schwul ist, was in der persönlichen Dynamik zwischen den beiden eher nebensächlich sein dürfte. Aber es zeigt, dass diese Art der Faszination nichts mit romantischen oder sexuellen Anziehungen zu tun hat, sondern vielmehr mit der Aura des vermeintlichen „Weltretters". **Sie lieben die Inszenierung des Größeren, des Allwissenden, desjenigen, der die Antworten auf Fragen hat, die die Menschheit noch gar nicht gestellt hat.**

Und so sitzen wir hier und beobachten, wie erneut Menschen – Frauen wie Männer – sich von den großen Reden und großen Plänen dieser Herren blenden lassen. Sie lauschen, nicken und applaudieren, als sei das, was Schwab und Co. sagen, der absolute Masterplan für die Rettung der Menschheit. Dass die meisten dieser Ideen in der Praxis so realistisch sind wie Einhörner auf Skateboards, stört dabei niemanden.

Es scheint, als habe die Menschheit eine Schwäche für solche Persönlichkeiten – unabhängig von Geschlecht, Aussehen oder Orientierung. **Sie verkörpern eine Art intellektuellen Messias, den man zwar nicht versteht, aber dem man trotzdem folgen möchte, weil es bequemer ist, als selbst zu denken.** Und wer denkt schon an Staubsaugervertreter, wenn die Zukunft der Welt verkauft wird?

Und heute? Da nennt man sich „Feministin" und läuft trotzdem einem übergriffigen Ideologen hinterher, der gerade die nächste moralische Revolution ausruft. Man muss nicht lange suchen, um solche Typen zu finden. **Ein bisschen pseudo-intellektuelles Geschwurbel hier, eine Prise Größenwahn da, und schon hat man die perfekte Mischung, um Frauen, die eigentlich klug genug sein sollten, einzuwickeln.**

Die neuen woken Gurus: Zwischen Heilsversprechen und Transhumanismus

Da sind sie, die neuen woken Gurus – Klaus Schwab, Yuval Noah Harari und Konsorten. Menschen, um die man mit einem derart verklärten Blick herumschleicht, dass man meinen könnte, sie hätten gerade den Heiligen Gral aus dem Keller geholt.

Und während die Schar ihrer Anhänger brav applaudiert, lassen diese Visionäre gern mal Sätze fallen, die einem das Blut in den Adern gefrieren lassen sollten. Aber nein, das Publikum klatscht weiter, als stünde irgendwo ein Schild: „Jetzt lächeln und nicken!"

Yuval Noah Harari hat es besonders drauf. Der Mann, der aussieht wie eine Mischung aus Professor X und einem besonders ambitionierten Meditationslehrer, redet gerne über Transhumanismus – die Idee, dass wir Menschen uns durch Technologie weiterentwickeln, bis wir quasi unsterbliche Cyborgs sind.

Klingt faszinierend, oder? Aber dann kommt so ein Satz wie: **„Wohin mit den vielen nutzlosen Menschen?"** Und plötzlich merkt man, dass diese schönen Zukunftsvisionen vielleicht nicht ganz so kuschelig sind, wie sie verkauft werden.

Nutzlose Menschen? Moment mal. Wer entscheidet das denn? Ist der Typ am Fließband nutzlos, nur weil der Job irgendwann von einem Roboter gemacht wird? Ist die Oma, die ihr Leben lang Steuern gezahlt hat, jetzt Ballast, weil sie Rentnerin ist? Oder reden wir hier vielleicht sogar von uns allen – den Leuten, die brav schuften, damit die Gurus ihre schicken Konferenzen in Davos veranstalten können?

Vielleicht sollten wir mal fragen: Wohin mit den vielen nutzlosen Ideen, die solche Leute in die Welt setzen?

Die Ironie ist kaum zu übersehen: Da wird Transhumanismus als die nächste große Errungenschaft angepriesen – endlich eine Welt ohne Krankheit, ohne Leid, ohne echte Menschen. Stattdessen eine Elite aus hyperintelligenten, genetisch optimierten Übermenschen, die die Erde mit ihrem grenzenlosen Fortschritt segnen.

Und der Rest? Nun ja, der Rest darf sich freuen, wenn er in einer schicken Simulation „Sims 5: Endgültig Nutzlos Edition" spielen darf, während KI alles übernimmt.

Das klingt nicht nach einer Vision, sondern eher nach einem dystopischen Bewerbungsvideo für einen neuen James-Bond-Schurken.

Aber vielleicht ist das ja sogar so geplant. Wenn es kein Morgen mehr gibt, weil die Menschheit durch ihre eigene Hybris untergeht, muss man ja nicht mehr lange darüber nachdenken, wohin mit den „nutzlosen Menschen". Die Frage ist nur: **Warum tanzen so viele begeistert um diese Gurus herum, als hätten sie die Antworten auf alle Fragen?**

Vielleicht, weil es einfacher ist, an Heilsbringer zu glauben, als sich einzugestehen, dass diese Visionen mehr Löcher haben als ein Schweizer Käse. Oder weil wir Menschen einfach eine Schwäche für große Reden und glänzende PowerPoint-Präsentationen haben.

Fakt ist: Wenn wir nicht anfangen, den neuen woken Gurus kritischer zuzuhören, könnte die Welt von morgen eher so aussehen, wie sie geplant ist – und das ist nicht halb so rosig, wie sie es verkaufen. **Wohin mit den nutzlosen Ideen? Vielleicht erstmal in die Tonne.**

Yuval Noah Harari, Kinderbücher und der Verlust des Glaubens – Ein gefährliches Spiel

Man muss sich das mal auf der Zunge zergehen lassen: Yuval Noah Harari, der Prophet der Zukunft ohne Menschlichkeit, hat es nicht nur geschafft, viele Erwachsene mit seinen düsteren Prognosen in seinen Bann zu ziehen. **Jetzt schreibt er auch noch Bücher für Kinder.** Ja, richtig gehört – er versucht, seine Sicht auf die Welt schon den Jüngsten zu verkaufen. Und was steht da? Unter anderem, dass es keinen Gott gibt. Keine höhere Macht, keine Spiritualität – einfach nur ein Universum aus Chaos, Zufall und einer gehörigen Portion Künstlicher Intelligenz, die uns bald alle ersetzen wird. Seine neuste Idee, die Bibel von einer KI neu schreiben zu lassen.

Aber was passiert, wenn wir den Glauben verlieren? Der Glaube an etwas Höheres – sei es Gott, das Universum oder auch nur an ein übergeordnetes Prinzip von Gerechtigkeit und Liebe – gibt uns Halt, Hoffnung und eine Perspektive. **Er verleiht dem Leben einen Sinn, gerade in schweren Zeiten.** Wenn Menschen, und besonders Kinder, diesen Glauben verlieren, bleibt oft eine Leere zurück, die schwer zu füllen ist. Kein Wunder also, dass Depressionen, Angststörungen und Orientierungslosigkeit gerade unter Jugendlichen in alarmierender Geschwindigkeit zunehmen. **Ohne Glauben fehlt vielen ein Fundament.** Sie stolpern durch die Welt, ohne zu wissen, wofür es sich zu kämpfen oder zu träumen lohnt.

Harari und seine Kollegen der „alles ist Wissenschaft, nichts ist Seele"-Fraktion scheinen das völlig zu ignorieren. **Sie reden von Fortschritt, von Transhumanismus, von einer Welt, in der KI unsere Probleme löst. Aber sie vergessen das Wichtigste: die menschliche Seele.** Die braucht mehr als nur Daten, Algorithmen und perfekte Technologie. Sie braucht etwas, das sie inspiriert, etwas, das größer ist als der Mensch selbst.

Ein fester Glaube kann Berge versetzen. Geschichte und Psychologie zeigen uns das immer wieder. **Menschen, die an etwas glauben, haben Kraft, Ausdauer und Ziele.** Der Glaube gibt uns die Fähigkeit, in Momenten der Dunkelheit weiterzugehen. Ohne ihn verlieren wir schnell die Hoffnung und sehen keine Perspektive mehr.

Man fragt sich also, was Harari den Kindern wirklich mitgeben will. Eine Welt ohne Gott? Eine Welt ohne Hoffnung? Das ist keine Zukunftsvision, sondern eine Anleitung zur inneren Leere.

Und während die Kinder, die seine Bücher lesen, lernen, dass sie nichts weiter als ein Zufallsprodukt der Evolution sind, steigen die Statistiken der Depressionen weiter an. **Denn wenn es keinen Gott gibt, keine höhere Bedeutung, was bleibt dann?**

Die Antwort ist klar: Wir brauchen den Glauben, wie Wasser zum Leben. Ohne diese Überzeugung aber werden wir zu bloßen Zahnrädern in der Maschine, ohne Sinn und ohne Richtung. **Eine Welt ohne Glauben ist keine, die wir unseren Kindern hinterlassen sollten.**

Vielleicht wäre es besser, wenn Herr Harari sein nächstes Kinderbuch über etwas anderes schreibt – wie man Sandburgen baut oder Drachen steigen lässt – dann kann er wenigstens keine Kinderseelen kaputt machen.

Aber lassen Sie uns eine Lanze brechen für all jene Frauen, die ihren Verstand nicht an der Garderobe abgeben, wenn jemand mit „großen Ideen" daherkommt. Frauen, die **kritisch hinterfragen, anstatt blind zu folgen.** Frauen, die wissen, dass Charisma oft nur Fassade ist, hinter der sich ein Abgrund verbirgt. Denn die gibt es auch – und sie beweisen jeden Tag, dass echte Stärke nichts mit lauten Parolen, sondern mit klarem Denken zu tun hat.

Für die anderen bleibt nur die Hoffnung, dass sie irgendwann aufwachen und merken: **Haltung ohne Verstand ist wie ein Auto ohne Motor. Es sieht toll aus, aber es bringt dich nirgendwo hin.** Bis dahin bleibt uns der Humor, um über die Bosettis dieser Welt zu lachen

– oder zu seufzen. Denn eines ist klar: Die echten Heldinnen dieser Geschichte sind nicht die Frauen, die blind folgen, sondern die, die mutig genug sind, selbst zu denken. **Das ist wahre Haltung – und darüber lohnt es sich zu klatschen, ganz ohne Pappschild.**

Feminismus: Das Hobby der Wohlstandsblase?

Man könnte meinen, Feminismus sei die wichtigste Bewegung unserer Zeit. Aber wenn man mal genau hinschaut, scheint er vor allem ein ganz bestimmtes Publikum besonders zu faszinieren: Frauen aus der Wohlstandsblase. Warum ist das so?

1. Die Luxusproblem-Arena

Wenn der Kühlschrank immer voll ist, das E-Auto im Carport steht und der größte Stress des Tages die Entscheidung zwischen Yoga und Pilates ist, braucht man wohl etwas, um die eigene Energie sinnvoll zu kanalisieren. Und was eignet sich da besser, als sich in epischen Kämpfen gegen die „toxische Männerdominanz" zu stürzen? Schließlich macht es viel mehr Spaß, „Gender-Pay-Gap"-Grafiken zu posten, als sich mit den tatsächlichen Alltagsproblemen vieler anderer Frauen zu beschäftigen, wie Kinderbetreuung, Altersarmut oder das Jonglieren von zwei Jobs.

2. Protest als Statussymbol

In der Wohlstandsblase hat Feminismus auch ein bisschen was von einem Accessoire. **„Du bist noch nicht wütend auf das Patriarchat? Also ich habe da so einen TED-Talk gesehen..."** Es wird quasi zur moralischen Designer-Handtasche: Man trägt es stolz zur Schau, diskutiert darüber beim Latte Macchiato im Bio-Café und fühlt sich dabei wahnsinnig progressiv – während die Bedienung, die den Kaffee bringt, sich fragt, wie sie die Miete zahlen soll.

3. Der bequeme Gegner

Es ist doch praktisch: Das Patriarchat ist unsichtbar und allgegenwärtig, also ein perfektes Feindbild. Man muss nicht wirklich etwas verändern oder riskieren – man kann einfach wütend sein und dabei weiterhin die Annehmlichkeiten des eigenen Lebens genießen. **Es gibt keine unangenehmen Konsequenzen, keinen direkten Gegenschlag, nur ein wohliges Gefühl, auf der „richtigen Seite" zu stehen.**

4. Es lenkt ab

Wer sich darüber aufregt, dass in einem Hollywood-Film mal wieder ein männlicher Superheld die Welt rettet, muss nicht darüber nachdenken, dass in anderen Teilen der Welt Frauen um Grundrechte kämpfen. Es ist eine Art Luxus-Aktivismus: Man bleibt bequem auf dem Sofa sitzen und klagt über die ungerechte Welt, ohne sich die Hände schmutzig machen zu müssen.

Und Hollywood hat ja mittlerweile reagiert: Jetzt gibt es immer mehr Superheldinnen, die mit einem Handkantenschlag zehn muskelbepackte Männer auf einmal zu Boden schicken – natürlich in hautengen Kostümen, die selbst den Gesetzen der Schwerkraft trotzen. **Superrealistisch, oder?** Da sitzt man vor dem Bildschirm und fragt sich: **Ist das jetzt Empowerment oder eine neue Kategorie Fantasy?**

Die Szenen folgen immer dem gleichen Prinzip: Eine superdünne Schauspielerin mit High Heels – weil Frauen ja auch im Kampf nie auf Stil verzichten – zerschmettert mit einem einzigen Tritt die Nase eines Bösewichts, der allein mit seinem Bizeps eine Abrissbirne heben könnte. Und man denkt sich: **„Wow, das ist genau die Art von Vorbild, die wir brauchen! Wenn ich mal in Gefahr bin, ziehe ich meine Pumps an und hoffe auf das Beste."**

Dabei scheinen die Drehbuchautoren völlig vergessen zu haben, dass echte Stärke nichts mit Sixpacks oder perfekt sitzenden Locken zu tun hat. Aber hey, Hauptsache, es gibt mehr Diversität auf der Leinwand – auch wenn sie oft so glaubwürdig ist wie ein Hamster auf einem Segway.

5. Männer sind ein dankbares Ziel

Klar, Männer sind der Feind, weil... na ja, sie sind halt da. Und sie machen sich super als Zielscheibe für Frust. Dabei sind die meisten Männer längst eher überfordert von den ganzen Regeln, die ihnen von der Wohlstands-Feminismus-Elite auferlegt werden: **„Darf ich die Tür noch aufhalten, oder ist das jetzt toxisch?"** Währenddessen schmunzeln viele Frauen in weniger komfortablen Lebenslagen über solche Debatten und denken sich: **„Hach, ich hätte auch gern solche Probleme."**

Fazit: Feminismus aus der Wohlstandsblase ist wie vegane Eiscreme: ein Luxus, den sich nicht jede leisten kann, und der oft mehr mit Selbstinszenierung als mit echtem Hunger nach Veränderung zu tun hat.

Vegane Weltretterinnen und die verarmte Oma von nebenan: Ein Rezept für den Untergang!

Ach ja, der Trend, der uns alle retten soll – vegan oder zumindest vegetarisch. Weil, wie uns die klugen Köpfe der grünen Feministinnen erklären, rettet jedes weiche Tofu-Steak das Klima und rettet die Welt. Während also die jungen, trendigen Aktivistinnen sich über die neuesten veganen Rezepte austauschen und dabei noch den grünen Smoothie in die Kamera halten, geht die arme Oma von nebenan fast an der Armut zugrunde. **Sie kann sich nicht mal ein Stück Butter leisten, geschweige denn ein kleines Filetsteak.** Aber gut, sie hat ja schließlich ihr Leben lang gearbeitet – da wird man eben nicht mehr von den Klimarettungs-Dividenden profitieren, sondern muss sich mit „Umweltschutz" durch Rübensuppe begnügen.

Aber ist es nicht irgendwie paradox? **Fleisch ist jetzt nur noch was für „Proleten und toxische Männer".** Und während die grünen Heldinnen mit ihren veganen Currywurst-Alternativen die Welt retten, kommt die Oma von nebenan beim Discounter an den Fleischtresen und fragt sich, wie sie ihr Mittagessen bezahlen soll, weil sie sich ja keine veganen Quinoa-Bratlinge leisten kann. Sie hat vermutlich nie gehört, dass die wahren Retter des Planeten eine halbe Avocado auf einem Stück Dinkelbrot verspeisen – mit einer kleinen Portion „politischer Haltung" natürlich.

Aber keine Sorge, es gibt eine Lösung für all diese fiesen Klimakiller und toxischen Männermärkte: **Vegan zu sein, ist der Weg zur Erleuchtung!** Wer braucht schon das tierische Eiweiß aus gesundem Fleisch, wenn man stattdessen ein kleines Stückchen Seitan essen kann, das aussieht wie ein zerkochtes Stück Gummi? Und das Beste: So wird der eigene Körper gleich zum lebenden Beispiel für den neuesten Trend: **blass, kraftlos und ungefähr so gesund wie ein überbelichteter Salat.**

Man fragt sich nur: **Warum kränkeln so viele Veganer eigentlich ständig und sehen aus wie der Schatten ihrer selbst?** Vielleicht, weil der Körper nicht nur aus grünem Blattgemüse besteht, sondern auch aus Nährstoffen, die nicht gerade durch Sojamilch oder einen Löffel Chia-Samen abgedeckt werden. Aber hey, der wahre Preis für die Rettung des Planeten wird eben am eigenen Wohlbefinden bezahlt – vielleicht sollten die Krankenkassen die Klimapolitik ja mal in ihre Beiträge einfließen lassen, schließlich geht's ja alles Hand in Hand.

Muss man sich das eigentlich mal auf der Zunge zergehen lassen: Der Trend Vegan könnte ja der Grund für die steigenden Krankenkosten sein – von all den blassen, schwachen Individuen, die beim nächsten Windstoß gleich umfallen.

Wer hätte gedacht, dass das wahre Problem der Welt nicht die CO2-Emissionen sind, sondern das fehlerhafte Konzept, wie man „gesunde Ernährung" definiert. Die älteren Generationen wussten das noch.

Ach, die Wohlstand-Veganer! Da stellt sich doch ernsthaft die Frage: **Was machen die eigentlich in Krisen oder Kriegszeiten?** Wird da dann auch noch eifrig über die ethischen Dilemmata eines Salatblatts nachgedacht, das zufällig neben einem Stück Fisch oder Wurst lag? **„Oh, nein! Das Salatblatt hat das Fleisch berührt! Das kann ich nicht in meinen Körper lassen! Besser verhungere ich!"**

Denn seien wir mal ehrlich, in einer echten Krise würde der Veganer, der sonst in seinem schicken Loft sitzt, umweltfreundliche Einkaufstaschen schwingt und vegane Handcreme verwendet, bestimmt nicht auf den Gedanken kommen, eine Portion Fleisch zu verschmähen, weil er das Weltklima unbedingt retten will.

Könnte es sein, dass der ganze Hype um vegane Kost eigentlich nichts anderes ist als eine durchdachte Verkaufsstrategie? Ich meine, die Einkaufsregale sind voll von veganen Würstchen, die so mysteriös aussehen, dass du dich fragst: **„Was zur Hölle ist da eigentlich drin?"** Aber hey, das Label „vegan" lässt uns ja nicht im Stich – es steht groß drauf, also muss es ja gesund und gut für die Welt sein, oder? Nur, dass du beim näheren Hinschauen feststellst, dass diese angeblich umweltfreundlichen Würstchen in **Plastik eingeschweißt sind**. Moment mal – Plastik, das ist doch dieses Zeug, das angeblich die Weltmeere zerstört? Ja, aber keine Sorge, das plastikverschweißte Tofu-Würstchen wird dir helfen, den Planeten zu retten.

Und dann gibt es da noch den **Frikadellen-Ersatz aus genmanipuliertem Tofu. Guten Appetit!** Ja, du hast richtig gehört – genmanipuliert! Aber keine Sorge, es ist natürlich vegan, was bedeutet, dass du die Welt rettest und gleichzeitig mit jedem Bissen ein Stück vom guten Gewissen bei dir hast. **Warum sich um die Herkunft oder die Zutaten kümmern, wenn du doch ein tolles „Weltverbesserer-Gefühl" haben kannst?**

Und ernsthaft, was ist eigentlich der Unterschied zwischen einem veganen Würstchen und einem Echten? Wahrscheinlich nicht viel. Es sieht aus wie ein Würstchen, schmeckt (zumindest ein bisschen) wie ein Würstchen und fühlt sich an wie... na ja, Tofu, aber hey, das ist schließlich die Zukunft der Ernährung! Und wenn du wirklich Glück hast, schmeckt es sogar nach – nichts. Perfekt!

Der Hype um vegane Kost könnte also glatt aus dem Hause „Cleverer Verkaufsstrategien für 1000 Dollar" kommen. **Alles, was du tun musst, ist, etwas Altmodisches in Plastik zu packen, ein paar Buchstaben zu ändern und es als „umweltfreundlich" zu verkaufen.** Voilà, schon hast du das vegane Superprodukt des Jahres! Und während du in deinem umweltbewussten Lebensstil schwelgst, kann dir der Hersteller immer noch einen goldenen Handshake geben – und den Planeten retten natürlich.

Doch nun genug von diesem Futterschwindel – zurück zu den Frauen, die wirklich Stärke beweisen. Die Frauen, die nicht auf einen Hype aufspringen, sondern sich durch ihre Taten und ihren Charakter auszeichnen.

Die Frauen, die sich nicht mit veganen Würstchen und perfekten Instagram-Bildern zufriedengeben, sondern im echten Leben dafür kämpfen, etwas zu bewegen – sei es im Beruf, in der Familie oder in der Gesellschaft. Diese Frauen haben echte Substanz, sie wissen, was es bedeutet, sich anzustrengen, Verantwortung zu übernehmen und an ihre Grenzen zu gehen.

Sie verstehen, dass wahre Stärke nicht in perfekten „Haltungsbildern" steckt, sondern in der Fähigkeit, auch dann noch weiterzumachen, wenn es schwierig wird.

Was sind starke Frauen?

Eine **starke Frau** zeichnet sich nicht allein durch ihre beruflichen Erfolge oder gesellschaftlichen Rollen aus, sondern durch ihre Fähigkeit, Herausforderungen zu meistern, Verantwortung zu übernehmen und für sich und andere einzustehen – unabhängig davon, in welchem Umfeld sie diese Stärke beweist.

Stärke in der Familie

Eine Frau, die sich liebevoll und mit voller Hingabe um ihre Familie kümmert, sei es um ihren Partner, ihre Kinder oder auch pflegebedürftige Angehörige, zeigt Stärke auf eine Weise, die oft unsichtbar bleibt, aber dennoch unverzichtbar ist. Sie leitet ein „kleines Familienunternehmen" mit Organisationstalent, emotionaler Intelligenz und Durchhaltevermögen. Ihre Arbeit ist die Grundlage, auf der andere gedeihen können. Diese Art von Stärke ist essenziell und sollte in ihrer Bedeutung nie unterschätzt werden.

Stärke in Extremsituationen

Die **Trümmerfrauen** nach dem Zweiten Weltkrieg sind ein Symbol für Stärke und Resilienz. Sie packten an, bauten Städte wieder auf und hielten ihre Familien zusammen, oft unter widrigsten Bedingungen. Auch Frauen, die ihre Kinder alleine großzogen, weil ihre Männer im Krieg waren, oder die nach dem Verlust des Partners ihr Leben neu ordnen mussten, haben in der Geschichte immer wieder bewiesen, dass Stärke vor allem in schwierigen Zeiten sichtbar wird.

Die Trümmerfrauen sind ein Symbol für Stärke, Durchhaltevermögen und den Wiederaufbau nach einer der schwersten Zeiten der deutschen Geschichte. Sie repräsentieren Frauen, die mit bloßen Händen Städte von den Ruinen des Zweiten Weltkriegs befreiten, oft unter extremen Entbehrungen und mit einer unerschütterlichen Entschlossenheit, eine bessere Zukunft zu schaffen.

Vor diesem Hintergrund erscheint der Vorstoß der bayerischen Grünen-Politikerin Katharina Schulze, das Münchner Denkmal der Trümmerfrauen verhüllen zu lassen, nicht nur als fragwürdig, sondern auch als respektlos gegenüber den Leistungen dieser Frauen.

Schulze begründet ihre Forderung mit dem Hinweis auf eine angebliche ideologische Vereinnahmung der Trümmerfrauen durch die Nachkriegszeit. Doch selbst wenn Teile der Geschichte um die Trümmerfrauen nicht ohne Kontroversen sind – wie etwa die Frage nach ihrer Rolle in der NS-Zeit –, so wird durch eine pauschale Verhüllung des Denkmals das gesamte Vermächtnis dieser Frauen in den Schatten gestellt. Es entsteht der Eindruck, dass Schulze und ihre Unterstützer die Errungenschaften der Trümmerfrauen für eine moralisch-ideologische Debatte opfern wollen, anstatt sich differenziert mit ihrer Geschichte auseinanderzusetzen.

Denkmäler haben die Aufgabe, an historische Leistungen und deren Bedeutung für die Gegenwart zu erinnern. Das Verhüllen eines Denkmals ist nicht nur ein symbolischer Akt der Verleugnung, sondern ein Schritt hin zur Geschichtsverdrängung. Statt einen Dialog über die Bedeutung und die Komplexität der Geschichte zu führen, wird durch solche Aktionen eine einseitige Interpretation aufgezwungen. Diese Art von Symbolpolitik spaltet, anstatt Brücken zu bauen, und zeigt eine bedenkliche Tendenz, unliebsame Aspekte der Vergangenheit einfach auszublenden.

Die Trümmerfrauen stehen für mehr als nur die physische Arbeit, die sie geleistet haben. Sie symbolisieren die Stärke von Frauen, die trotz der Last des Krieges und der Traumata der Nachkriegszeit Verantwortung übernahmen – oft ohne Männer an ihrer Seite, die gefallen oder vermisst waren. Viele dieser Frauen zogen allein ihre Kinder groß, organisierten Lebensmittel und bauten buchstäblich Stein für Stein das Fundament einer neuen Gesellschaft. Diese Leistungen pauschal in Frage zu stellen oder gar zu überdecken, wird ihrer historischen Bedeutung in keiner Weise gerecht.

Indem Katharina Schulze die Verhüllung des Denkmals forderte, sendet sie ein verheerendes Signal an all jene, die sich mit den Trümmerfrauen identifizieren: Frauen, die für ihre Familien kämpfen, die sich in Krisen beweisen und die in Zeiten der Not Herausragendes leisten. Es entsteht der Eindruck, dass Schulze diese Tradition der Stärke und Selbstaufopferung weder versteht noch schätzt. Stattdessen wird das Vermächtnis dieser Frauen in den Dienst einer politischen Agenda gestellt.

Die Forderung, das Denkmal der Trümmerfrauen zu verhüllen, ist nicht nur ein Missverständnis der Geschichte, sondern auch ein Mangel an Respekt vor der Leistung jener Generation. Eine solche Geste schafft keine Gerechtigkeit, sondern entfernt uns von einem ausgewogenen und würdevollen Umgang mit unserer Vergangenheit. Wer Denkmäler verdecken will, sollte sich fragen, ob er die Werte, die sie symbolisieren, wirklich verstanden hat. Statt Verhüllung brauchen wir Aufklärung, Respekt und die Fähigkeit, die Leistungen der Vergangenheit ohne ideologische Scheuklappen zu würdigen.

Stärke im Alltag

Alleinerziehende Frauen, die oft zwei oder mehr Jobs gleichzeitig ausüben, um ihre Familie zu ernähren, sind ein Beispiel für modernen Heldinnenmut. Sie kämpfen nicht nur gegen finanzielle Herausforderungen, sondern auch gegen gesellschaftliche Vorurteile und innere Erschöpfung. Auch Frauen, die sich um kranke Eltern oder Verwandte kümmern, beweisen immense innere Stärke, indem sie eigene Bedürfnisse hintanstellen und sich uneigennützig für andere einsetzen.

Frauen, die sich für ihre Familie oder ihre alten Eltern aufopfern, haben oft kaum Zeit, mit den neuesten, ultramodernen Turnschuhen und perfekt gestylt, um die Häuser zu joggen – Hauptsache, die Nachbarschaft schaut bewundernd zu. Geschweige denn, sich ins schicke Wanderoutfit zu werfen, weil das gerade „in" ist. Vielleicht ist die Figur nicht mehr ganz so makellos – aber mal ehrlich, ist das wirklich das Maß aller Dinge? Besonders, wenn man selbst ein bisschen älter wird? Wer braucht schon Trends oder oberflächliche Bewunderung? Stark sein heißt, nicht wie ein Lemming jedem Hype hinterherzujagen. Viel wichtiger ist doch, sich selbst treu zu bleiben und für die Dinge einzustehen, die wirklich zählen – auch wenn das vielleicht nicht auf Instagram glänzt.

Stärke ist nicht nur äußere Leistung

Dem gegenüber steht die vermeintlich „starke Karrierefrau", die in einem hektischen Alltag zwischen Meetings, Verpflichtungen und Terminplänen ihre Kinder in der Kita bei fremden Leuten lässt, um beruflich erfolgreich zu sein. Diese Lebensweise ist nicht per se ein Zeichen von Stärke – es kommt darauf an, wie bewusst und mit wie viel Hingabe sie ihre Entscheidungen trifft. Stärke erfordert Authentizität, Klarheit und den Mut, Prioritäten zu setzen, die langfristig Bestand haben. Eine dauergestresste sogenannte Karrierefrau, die mit allem überfordert scheint, wird oft nicht als stark wahrgenommen, obwohl sie möglicherweise viel leistet. Das liegt daran, dass Stärke in unserer Gesellschaft oft mit einer gewissen Ruhe, Gelassenheit und Kontrolle über die Situation assoziiert wird. Wenn jemand ständig gestresst und überfordert wirkt, könnte dies als ein Zeichen dafür interpretiert werden, dass die Person an ihre Grenzen stößt oder nicht über ausreichende Ressourcen verfügt, um den Anforderungen gerecht zu werden.

Zudem spielt hier die gesellschaftliche Wahrnehmung eine Rolle: Frauen, die beruflich erfolgreich sind, werden oft mit höheren Erwartungen konfrontiert – sie sollen nicht nur im Job glänzen, sondern auch privat alles im Griff haben, sei es in der Familie, im sozialen Umfeld oder bei ihrem persönlichen Wohlbefinden. Wenn es dann so aussieht, als würde jemand unter dieser Mehrfachbelastung zusammenbrechen, wird die Leistung zwar anerkannt, aber der Eindruck von Stärke leidet darunter.

Ein weiterer Punkt ist, dass der Fokus auf Leistung und ständige Aktivität in unserer Gesellschaft häufig als Stärke missverstanden wird, während die Fähigkeit, sich bewusst Zeit für sich zu nehmen, klare Prioritäten zu setzen und Grenzen zu ziehen, oft als noch stärkere Zeichen innerer Kraft wahrgenommen werden. Eine Person, die zeigt, dass sie auch unter Druck selbstbestimmt und ausgeglichen bleiben kann, wird oft mehr bewundert als jemand, der sich völlig verausgabt. Es wird deutlich, dass Stärke nicht nur durch Ergebnisse definiert wird, sondern auch durch die Art und Weise, wie diese erreicht werden – mit einem inneren Gleichgewicht und der Fähigkeit, den eigenen Weg souverän zu gehen.

Stärke bedeutet Durchhalten und Kämpfen

Starke Frauen kämpfen – nicht unbedingt mit Fäusten oder Worten, sondern mit Herz, Verstand und unerschütterlichem Willen. Sie stehen für sich selbst und ihre Liebsten ein. Sie lassen sich nicht entmutigen, sondern finden in den schwierigsten Situationen eine Lösung. Ihre Stärke liegt im Durchhalten, im Weitermachen und in der Fähigkeit, sowohl körperliche als auch emotionale Lasten zu tragen.

Eine starke Frau ist nicht definiert durch den Ort, an dem sie ihre Stärke zeigt – sei es zu Hause, im Beruf oder anderswo – sondern durch den Einsatz, den sie für das einbringt, was ihr wichtig ist. Sie baut Brücken, erträgt Stürme und trägt dabei die Hoffnung, dass ihr Handeln die Welt ein kleines Stück besser macht.

Starke Frauen setzen sich mit voller Power für ihre Familie ein, kämpfen für ihre Kinder wie Löwinnen und lassen sich dabei garantiert nicht verbiegen – außer vielleicht beim Yoga, aber das ist dann auch eher freiwillig. Sie stehen zu dem, was sie tun, auch wenn das bedeutet, abends erschöpft auf der Couch zu landen.

Wandern, weil es gerade in ist? Schön und gut – aber wer hat bitte Zeit dafür, sich in Outdoor-Klamotten zu schmeißen, wenn der Alltag eher „Survival Training" ist? Vielleicht ist die Figur nicht mehr wie aus dem Fitnessmagazin – na und? Wer braucht schon ein Sixpack, wenn man sich stattdessen ein Stück Torte gönnt und stolz darauf ist, dass man alle anderen Herausforderungen mit Bravour meistert.

„Wussten Sie schon? Frauen ab 50 werden statistisch gesehen eher von einem Wolf angefallen, als dass sie nochmal einen gescheiten Mann finden - dieser kleine Scherz zum Schluss, musste sein.

Starke Frauen in der Geschichte – Pionierinnen, Kämpferinnen, Visionärinnen

Die Geschichte ist voll von starken Frauen, die die Welt geprägt haben – oft gegen enorme Widerstände. Sie sind Vorbilder, Wegbereiterinnen und Beweise dafür, dass Stärke in vielen Formen existiert: als Mut, Intelligenz, Beharrlichkeit oder der Fähigkeit, sich für andere einzusetzen.

Kämpferinnen für Gerechtigkeit

Nehmen wir **Joan of Arc**, besser bekannt als Jeanne d'Arc. Im mittelalterlichen Frankreich führte sie eine Armee, bevor sie mit gerade einmal 19 Jahren als Märtyrerin in die Geschichte einging. Ihre Entschlossenheit, trotz aller Widrigkeiten für ihre Überzeugungen zu kämpfen, machte sie unsterblich.

Oder **Harriet Tubman**, die dem Albtraum der Sklaverei entkam und zum Symbol der Freiheit wurde. Sie riskierte ihr Leben immer wieder, um andere aus der Sklaverei zu befreien, und führte Dutzende von Menschen durch die "Underground Railroad" in die Freiheit. Ihr Mut und ihr Einsatz für Gerechtigkeit haben Generationen inspiriert.

158

Wissenschaftliche Visionärinnen

In der Welt der Wissenschaft hat **Marie Curie** Maßstäbe gesetzt. Als erste Frau, die einen Nobelpreis erhielt – und das gleich zweimal in unterschiedlichen Disziplinen – bewies sie, dass Wissenschaft keine Männerdomäne ist. Ihre bahnbrechende Arbeit in der Radioaktivitätsforschung veränderte die Medizin und die Physik für immer.

Ada Lovelace, die als erste Programmiererin der Welt gilt, träumte bereits im 19. Jahrhundert von Maschinen, die weit mehr tun könnten als nur Berechnungen. Ihre Visionen legten den Grundstein für die moderne Computerwissenschaft.

Revolutionärinnen und Anführerinnen

In der Politik hat **Cleopatra** bewiesen, dass Diplomatie und Intelligenz Machtmittel sind, die über physische Stärke hinausgehen. Sie manövrierte das alte Ägypten durch politisch turbulente Zeiten und bewahrte das Land vor dem Untergang.

Emmeline Pankhurst wiederum kämpfte für das Wahlrecht der Frauen und führte die Suffragetten Bewegung in Großbritannien an. Ohne ihren unbeugsamen Willen und den Mut ihrer Mitstreiterinnen würden Frauen heute vielleicht noch immer am Wahlrecht vorbeigehen.

Künstlerische Wegbereiterinnen

Auch die Kunst- und Kulturwelt hat beeindruckende Frauen hervorgebracht. **Frida Kahlo** revolutionierte die Malerei mit ihrer kompromisslosen Darstellung von Schmerz, Identität und Weiblichkeit. Ihre Werke sind nicht nur Kunst, sondern auch politische Statements.

Toni Morrison, die erste afroamerikanische Nobelpreisträgerin für Literatur, gab in ihren Romanen den Stimmen der Unterdrückten ein Gesicht. Ihre Geschichten sind kraftvolle Zeugnisse für Stärke, Resilienz und die Bedeutung kultureller Identität.

Was wir von ihnen lernen können

Diese Frauen – und viele andere – haben die Welt verändert, weil sie sich nicht den Normen ihrer Zeit unterworfen haben. Sie alle zeigen uns, dass Stärke nicht immer laut sein muss. Sie kann in kleinen, beharrlichen Schritten stecken, in mutigen Entscheidungen oder in der Weigerung, sich kleinmachen zu lassen.

Starke Frauen in der Geschichte erinnern uns daran, dass wahre Stärke nicht darin liegt, perfekt zu sein, sondern darin, unbeirrt den eigenen Weg zu gehen. Und sie inspirieren uns, es ihnen gleichzutun.

Wenn Schönheit zur Maske wird: Ein humorvoller Blick auf den OP-Wahn

Manchmal fragt man sich, ob Hollywood einen geheimen Schönheitschirurgen-Basar betreibt, auf dem Prominente ihre Gesichtszüge gegen glattgebügelte, maskenhafte Standardmodelle eintauschen. Es ist fast, als gäbe es eine geheime Regel: Je weniger das Gesicht noch an die ursprüngliche Person erinnert, desto näher ist man am Status der "starken Feministin". Demi Moore und Co. lassen grüßen. Doch ist das wirklich Stärke – oder eher das verzweifelte Streben nach einem ewigen Frühling, der längst verblüht ist?

Wenn das Gesicht nicht mehr spricht

Schönheit mag vergänglich sein, aber Charisma ist es nicht. Und das braucht ein Gesicht, das Geschichten erzählen kann – keine glattgezogene Leinwand, die vor lauter Botox keine Emotionen mehr zulässt. Schauspieler wie Jack Nicholson wussten das. Ein einziges Augenbrauen-Zucken von ihm erzählte oft mehr als ein ganzer Monolog. Doch wie soll das gehen, wenn die Augenbrauen nach dem dritten Lifting vor Schreck Richtung Haaransatz fliehen und dort festgetackert bleiben?

Der Fall „Roseanne": Von der Couch zur Couch-Kartoffel

Wer erinnert sich nicht an Roseanne? Eine Frau mit Ecken, Kanten und dem Mut, dick zu sein, ohne dabei dickköpfig zu wirken. Ihr Gesicht war eine Landkarte voller Humor und Leben. Doch irgendwann beschloss sie, dem Schlankheits- und Schönheitswahn zu erliegen – und plötzlich konnte man sie kaum noch erkennen. Sie hatte nicht nur Pfunde, sondern auch ihre Mimik verloren. Das Publikum liebte sie dafür, wie sie war – nicht dafür, dass sie plötzlich, wie eine austauschbare Version von sich selbst aussah. Der Karriereknick folgte prompt.

Schönheit oder Langeweile?

Schönheit, so sagt man, liegt im Auge des Betrachters. Aber wenn alle gleich aussehen, wird es irgendwann einfach langweilig. Was ist schon ein makelloses Gesicht ohne die kleinen Besonderheiten, die es unverwechselbar machen? Denken Sie an die klassischen Hollywood-Ikonen wie Bette Davis oder Humphrey Bogart. Perfekte Gesichter? Keineswegs. Aber sie hatten etwas, das man nicht operieren kann: Charakter.

Die Tragik des Perfektionismus

Frauen (und Männer), die Unsummen für Schönheitsoperationen ausgeben, wirken oft nicht stark, sondern tragisch. Sie kämpfen gegen den Lauf der Zeit, als wäre das Altern ein Feind, den es zu besiegen gilt. Dabei liegt wahre Stärke doch darin, den Wandel des Lebens mit Würde zu tragen. Stattdessen sehen wir maskenhafte Gesichter, die wie gefrorene Gemälde in Galerien hängen könnten – schön, aber ohne Seele.

Fazit: Altern in Würde

Die wahren Vorbilder sind nicht jene, die um jeden Preis jung bleiben wollen, sondern jene, die mit Gelassenheit und einem Augenzwinkern altern. Charisma, Humor und ein Leben voller Geschichten sind das eigentliche Schönheitsgeheimnis. Und wenn es nach uns geht, könnte Hollywood ruhig ein paar mehr Roseannes und Jack Nicholsons gebrauchen – Menschen, deren Gesichter das Leben sprechen lassen, statt es zu verschweigen.

Also, liebe Schönheitschirurgie-Enthusiasten: Legt das Skalpell weg und übt lieber das Zucken der Augenbraue. Das bringt mehr Fans und spart obendrein eine Menge Geld!

Frauen hinter den Herd? Oder hinter die Wahrheit?

Eines der Lieblingsargumente links-grüner Feministinnen gegen die AfD ist, dass die Partei angeblich Frauen wieder „hinter den Herd" zwingen wolle. Dabei ist das so falsch wie die Idee, dass Einhörner existieren. Die Realität ist: Die AfD will Familien stärken und Frauen die Freiheit geben, selbst zu entscheiden, ob sie bei ihren Kindern bleiben oder arbeiten gehen möchten. Klingt gar nicht so rückständig, oder?

Früher war mehr Lametta – und mehr finanzielle Freiheit

Erinnern Sie sich an die Zeit, als ein Gehalt noch für die ganze Familie reichte? Der eine ging arbeiten, der andere kümmerte sich um die Kinder – und niemand musste dabei Schulden machen, nur um die Stromrechnung zu bezahlen. Heute hingegen müssen beide Eltern oft schuften wie die Eichhörnchen im Herbst, nur damit sie sich überhaupt Kinder leisten können. Und da fragen wir uns ernsthaft: Ist das Fortschritt?

Fortschritt mit Rückwärtsgang?

Wenn man sich ein Land ohne Kinder vorstellt, ist das ungefähr so zukunftssicher wie ein Auto ohne Benzin. Kinder sind die Grundlage, auf der jede Gesellschaft aufbaut – auch wenn sie gelegentlich Marmelade auf dieselbe schmieren. Doch wenn es für Familien finanziell fast unmöglich ist, Nachwuchs zu haben, wer soll dann die Rente zahlen? Oder die Zukunft gestalten?

Vielleicht die links-grünen Feministinnen, während sie in der Kita Schlange stehen, um über das „Patriarchat" zu philosophieren?

Wahlfreiheit statt Herdzwang

Das Ziel sollte doch sein, dass jede Frau – und jeder Mann – selbst entscheiden kann, wie sie oder er leben möchte. Karriere machen? Kinder großziehen? Beides? Die AfD plädiert genau für diese Wahlfreiheit, indem sie Familien entlasten und fördern will. Und das ist kein Rückschritt, sondern eine Rückbesinnung auf das, was wirklich zählt: ein Leben, das sich jede Familie leisten kann.

Fazit: Herd oder Herz?

Es geht nicht darum, Frauen an den Herd zu schicken, sondern darum, dass sie dort sein können, wo ihr Herz sie hinzieht – ob das nun die Kinder sind, der Job, oder beides. Fortschritt sollte doch bedeuten, dass Menschen echte Wahlmöglichkeiten haben, statt von finanziellen Zwängen oder ideologischen Debatten eingeschränkt zu werden. Denn ein Land ohne Kinder? Das ist kein Fortschritt, das ist der direkte Weg in den Bankrott – und ziemlich langweilig obendrein.

Also, links-grüne Feministinnen: Entspannt euch. Niemand will euch eure Karriere wegnehmen. Aber ein bisschen mehr Liebe für Kinder und Familien würde uns allen guttun.

Abtreibung als Werbespot? Zwischen Haltung und Kondom-Werbung

Es gibt Momente, in denen man nicht weiß, ob man lachen oder weinen soll. Einer davon: Wenn Carolin Kebekus in bester ZDF-Haltungsschwester-Manier die Abtreibung besingt, als würde sie Werbung für die neueste Geschmacksrichtung von Kartoffelchips machen. Klar, Frauen haben das Recht, über ihren Körper zu entscheiden – das steht außer Frage. Aber ist es wirklich zu viel verlangt, vorher mal über Verhütung nachzudenken? Kondome, Pille, Spirale – was ist mit all den Klassikern der Familienplanung passiert? Haben wir den Sexualkundeunterricht etwa durch „Gendergaga für Fortgeschrittene" ersetzt?

Deutschland: Land der Freiheit – auch im Bett

Wir leben doch längst in einem Land der sexuellen Freiheiten. Hier kann jeder lieben, wen und wie er will. Es gibt Apps, die einem nicht nur sagen, wie das Wetter morgen wird, sondern auch, ob es in der Nähe Singles gibt, die Lust auf ein Abenteuer haben. Alles wunderbar, alles frei. Aber mit Freiheit kommt auch Verantwortung. Und hier mal ein kleiner Tipp am Rande: Verhütung ist nicht nur ein alter Hut, sondern eine ziemlich clevere Erfindung. Sie spart Zeit, Nerven und, naja, komplizierte Entscheidungen.

Worum geht's eigentlich?

Manchmal fragt man sich bei der ganzen Debatte: Geht es hier wirklich noch um Selbstbestimmung – oder ist das die neueste Ideologie, die uns erklärt, dass Kinder irgendwie schlecht fürs Klima sind? Ehrlich, wer ernsthaft glaubt, dass Kinder der Weltuntergang sind, braucht bald kein Klima mehr, weil es dann niemanden gibt, der das Licht ausmacht. Ohne Kinder gibt's keine Zukunft. Punkt. Und wenn wir schon beim Thema sind: Vielleicht sollte man statt über Gendersterne lieber mal wieder darüber reden, wie man Kinder macht – oder eben verhindert.

Zwischen Freiheit und Verantwortung

Es gibt viele gute Gründe, warum eine Frau eine Schwangerschaft nicht austragen möchte. Das ist eine persönliche Entscheidung und sollte es auch bleiben. Aber Abtreibung als Lifestyle-Thema zu behandeln, bei dem der Ernst völlig verloren geht, ist schlichtweg daneben. Vielleicht wäre es besser, statt Hymnen auf das „Recht auf Abbruch" zu singen, eine Ode an die Verhütung zu schreiben. Denn mal ehrlich, Kondome sind weder teuer noch kompliziert. Sie sind einfach, praktisch und retten Leben – in vielerlei Hinsicht.

Fazit: Lasst uns über Lösungen reden

Wenn wir schon in einem freien Land leben, sollten wir auch in der Lage sein, über Verantwortung zu sprechen, ohne gleich die Stimmung zu ruinieren. Es gibt Möglichkeiten, ungewollte

Schwangerschaften zu vermeiden, und es wäre schön, wenn die auch mal in den Fokus rücken würden – statt Abtreibung als coolen Trend zu verkaufen. Vielleicht ist es Zeit, die Diskussion auf ein anderes Niveau zu heben. Ein bisschen weniger Show, ein bisschen mehr Aufklärung. Und, ja, ein bisschen mehr Kondome.

#MeToo: Zwischen berechtigter Empörung und Hollywood-Dramatik

Die #MeToo-Bewegung hat wichtige Debatten angestoßen, keine Frage. Aber manchmal fragt man sich: Muss es wirklich erst 30 Jahre, zig Blockbuster und ein fettes Bankkonto später sein, bis sich die Erinnerung daran meldet, dass der Regisseur einen „intensiv" angeschaut hat? Plötzlich sind unsere Hollywood-Helden keine charmanten Leinwandstars mehr, sondern ein Sammelsurium potenzieller Sexualstraftäter. Klar, Machtmissbrauch ist ein ernstes Thema. Aber dieser späte Auftritt auf der Bühne der Empörung hat manchmal einen Beigeschmack – und der ist nicht nach Popcorn, sondern ziemlich fad.

Casting Couch oder Karriereleiter?

Einige Schauspielerinnen erzählen heute offen, dass sie nur deswegen an die großen Rollen kamen, weil sie dem Regisseur einen „Liebesdienst" erweisen mussten. Und während man sich fragt, ob Harvey Weinstein inzwischen ein eigenes Emoji für diese Praktiken bekommen sollte, fragt man sich auch: Warum habt ihr ihm damals nicht einfach auf die Finger gehauen?

Ehrlich, ich hätte ihm mit der Handtasche eine verpasst, die Tür zugeknallt und ihm gesagt, wo er sich seinen Blockbuster hinschieben kann. Karriere hin oder her – Würde ist doch kein optionales Accessoire!

Helden von gestern, Monster von heute?

Natürlich ist es gut, dass solche Machenschaften ans Licht kommen. Aber manchmal wirkt es, als ob Hollywood gerade einen Trend daraus macht, alte Geschichten auszugraben und mit dramatischen Tränen zu präsentieren – mit perfektem Make-up, versteht sich. So wird aus dem einstigen Action-Helden plötzlich ein wandelndes Klischee für toxische Männlichkeit. Man fragt sich nur, ob es wirklich um Gerechtigkeit geht oder ob da nicht auch ein wenig Publicity-Lust mitschwingt. Schließlich bekommt man mit einem Skandal mehr Likes als mit einem neuen Film, oder?

Was wäre, wenn...?

Mal ganz ehrlich: Wäre es nicht erfrischend, wenn mehr Frauen damals einfach gesagt hätten: „Danke, nein, ich werde meine Karriere woanders machen – und zwar ohne creepy Regisseure"? Klar, das ist leichter gesagt als getan, wenn ein mächtiger Typ vor einem steht. Aber es gibt doch immer Alternativen. Vielleicht weniger Glamour, aber dafür mehr Selbstachtung. Und, wer weiß, vielleicht hätte der Regisseur beim nächsten Versuch seine „Masche" überdacht, wenn er nach der dritten Ohrfeige mal ernsthaft nachdenken müsste.

Fazit: Eine gute Bewegung, aber nicht ohne Macken

Die #MeToo-Bewegung hat viel verändert, und das ist gut so. Aber wie bei allem im Leben gibt es auch hier Grautöne. Machtmissbrauch gehört angeprangert – keine Frage. Aber es wäre schön, wenn der Fokus auf echter Prävention und ehrlichen Gesprächen läge, statt auf Skandalen, die nach Jahrzehnten aus der Versenkung auftauchen. Und vielleicht sollten wir alle wieder ein bisschen mehr Mut entwickeln, unangemessenes Verhalten in dem Moment zu adressieren, in dem es passiert – und nicht erst nach der Oscar-Verleihung.

Mensch, Mädchen, was haben wir bloß aus unseren Männern gemacht?

Da stehen sie, unsere modernen Männer, blass, fleischlos und brav wie Labradore auf der Hundeschule. Mit dem Lastenfahrrad kutschieren sie die Kleinen zur Kita, während wir Feministinnen in der Zwischenzeit die Welt retten, den Klimawandel stoppen und den Kapitalismus abschaffen. Klingt irgendwie nach einer fairen Arbeitsteilung, oder? Aber halt, da fehlt doch was. Wo sind die Männer hin, die früher mit Muskeln, Selbstachtung und einem Blick, der Feuer machen konnte, durch die Gegend stolziert sind? Ach ja, die sind jetzt „toxisch". Wie schade!

Helikopterväter und Haushalthelden

Früher haben Männer den Müll rausgebracht, wenn sie Lust hatten – und das war schon ein Akt der Großzügigkeit. Heute wechseln sie Windeln, kochen glutenfreie Quinoa-Bowls, putzen die Wohnung und massieren abends unsere Füße, bevor sie erschöpft ins Bett fallen und alles hängen lassen.

Wo sind die „richtigen" Männer hin?

Die Frage ist doch: Wo sind sie, die Männer, die vor Selbstbewusstsein nur so strotzen? Die mit Muskeln, die nicht nur vom Yoga kommen, und mit einem Blick, der mehr sagt als tausend Worte? Ach, stimmt ja. Die gelten jetzt als „rechts". Wenn ein Mann heute seine Meinung sagt oder einen Baum fällen will, um daraus ein Regal zu zimmern, wird er gleich als Neandertaler abgestempelt.

Wir wollten Emanzipation – und haben dabei alle Ecken und Kanten glattgebügelt. Aber Hand aufs Herz: Ist es nicht trotzdem schön, sich an eine starke Brust anzulehnen, die nach Abenteuer duftet, anstatt an eine kahlrasierte, blasse Hühnerbrust, die eher nach Sojamilch riecht? Der Reiz von Ecken und Kanten liegt doch gerade darin, dass sie das Leben interessanter machen.

Wo sind sie hin, die Männer, die sich nicht schämen, ein Feuer zu entfachen, sei es im Kamin oder im Herzen? Die mit einem festen Händedruck und dem Selbstbewusstsein eines Löwen auftreten? Die wissen, wie man eine Tür öffnet – und das nicht nur metaphorisch? Stattdessen begegnet man allzu oft einem schüchternen „Sorry, dass ich überhaupt existiere"-Blick und der Frage, ob man nicht doch besser vegane Nägel für das Regal verwenden sollte.

Emanzipation war ein großer Schritt – und den mussten wir Frauen gehen. Aber vielleicht wird es Zeit, ein wenig Platz zu machen für Männer, die wieder stolz auf ihre Stärke sein dürfen. Für Typen, die Holz hacken, statt sich über die richtige Art der Mediation zu streiten. Denn während wir selbst gelernt haben, unsere eigenen Helden zu sein, kann ein bisschen kernige Unterstützung zwischendurch doch so schön sein.

Zwischen Weicheiern und Machos

Das Problem ist: Wir wollen Männer, die sensibel sind, aber nicht zu sensibel. Stark, aber nicht zu dominant. Und dann wundern wir uns, wenn sie vor lauter Erwartungen den Überblick verlieren. Was bleibt ihnen denn noch? Sich brav in die moderne Männerrolle zu fügen – mit veganem Latte in der einen und Windeltasche in der anderen Hand – oder in die Schublade „toxisch" gesteckt zu werden.

Fazit: Ein bisschen mehr Balance, bitte!

Vielleicht sollten wir uns alle mal locker machen. Lasst die Männer einfach Männer sein, dann klappts auch wieder mit dem Kinderkriegen.

Die feministische Idiotie geht weiter...

Wenn man denkt, es könne nicht noch absurder werden, kommt die nächste Runde der feministischen Übertreibungen, die uns mit offenem Mund zurücklässt. Die Diskussion um „richtige" Feministinnen, „richtige" Männer und wer überhaupt noch als akzeptabel durchgeht, hat mittlerweile Dimensionen erreicht, die einem das Gefühl geben, man sei in einem schlechten Film gelandet – und das Drehbuch wurde von jemandem geschrieben, der eindeutig zu viel Zeit in einer Filterblase verbringt.

Die Jagd nach der „richtigen" Meinung

Es ist fast schon wie ein Sport: Wer kann die extreme politische Meinung vertreten und dabei noch als der „echte" Feminist gelten? Wenn du nicht mit jedem Schritt des linken Aktivismus übereinstimmst, dann bist du halt entweder „toxisch", „reaktionär" oder einfach nur ein Mensch, dessen Existenz zur Bekämpfung von „falsch" definierten Normen gebraucht wird. Die Realität ist einfach die: Man kann Feministin sein, ohne jeden Mann als potenziellen Unterdrücker zu sehen, und man kann sich für Gleichberechtigung einsetzen, ohne einen übertriebenen Zwang zur politischen Korrektheit zu entwickeln.

Die Gleichberechtigung auf den Kopf gestellt

Ein Mann, der sich in einem solchen feministischen Diskurs wiederfindet, hat oft das Gefühl, auf einem Hochseil zu balancieren – und unten wartet kein Sicherheitsnetz, sondern eine Meute mit kritischen Blicken. Wenn er sagt: „Ich finde, Männer und Frauen sollten gleich viel Verantwortung tragen", wird er mit einem Blick bedacht, der klar signalisiert: **„Du weißt schon, dass Verantwortung für euch Männer jahrhundertelang bedeutete, die Fernbedienung zu bedienen?"**

Wenn er sich dann mal traut zu fragen: „Aber dürfen Männer auch...?" wird er sofort unterbrochen: **„Männer durften**

jahrhundertelang ALLES! Vielleicht ist es mal Zeit, dass ihr ein bisschen Verantwortung für euer Privileg übernehmt!"

Er nickt eifrig, unsicher, ob er damit Zustimmung oder weitere Kritik provoziert. Innerlich denkt er sich: **„Ich wollte doch nur höflich fragen, ob ich den Müll rausbringen soll... aber vielleicht ist das ja auch toxische Maskulinität?"**

Das Feindbild Mann

Und dann gibt es da noch das Feindbild Mann, das immer wieder gerne heraufbeschworen wird, als ob jeder männliche Blick auf eine Frau gleich ein „Machtgefälle" oder eine „sexuelle Belästigung" darstellt. Wer über Männer im Allgemeinen schimpft und sie kollektiv als „Problem" sieht, verpasst den Punkt des Feminismus vollkommen. Es geht doch nicht darum, Männer zu bashen, sondern gemeinsam für eine gerechtere Gesellschaft zu kämpfen – und das sollte nicht in einem ständigen „Kampf der Geschlechter" enden.

Fazit: Feminismus muss wieder handfest und realistisch werden

Es ist ein bisschen wie in einem schlechten Film, wenn man sich die absurdesten Diskussionen anhört. Irgendwann merkt man, dass es nicht mehr um echte Gleichberechtigung geht, sondern nur um das Einhalten von politisch korrekten Regeln.

Die Feministische Idiotie, wie sie sich in vielen Bereichen zeigt, führt zu nichts anderem als zu einer weiteren Spaltung, die keinen von uns weiterbringt. Was wir wirklich brauchen, ist ein gesunder, pragmatischer Feminismus, der keine Männer oder Frauen verurteilt, sondern für das Wohl aller eintritt. Klar, das klingt ziemlich langweilig im Vergleich zu „Kampf, Kampf, Kampf", aber vielleicht ist es auch einfach die beste Lösung.

TikTok-Weisheiten: Linksgrüne Männer als einzig wahre Kerle?

Jette Niezard, TikToks neueste Expertin für Dating und Politik, hat verkündet, warum rechte Männer angeblich keine Dates mehr abbekommen. Laut ihr gelten nur links-grüne Männer, die sich für Diversität, bunte Vielfalt und den Kampf gegen den Klimawandel einsetzen, als „richtige Männer". Also, wenn du nicht mit dem Lastenrad vorfährst, während du beim veganen Latte von der Rettung der Welt philosophierst, bist du offenbar raus. Klingt irgendwie... na ja, bescheuert.

Männer in Schubladen – und warum das Quatsch ist

Mal ehrlich: Die Idee, einen Menschen ausschließlich nach seiner politischen Einstellung zu bewerten, ist ungefähr so sinnvoll wie der Versuch, mit einem Sieb Wasser zu transportieren. Menschen – ja, auch Männer – sind etwas komplexer als ein Parteiprogramm. Sie auf „rechts" oder „links" zu reduzieren, blendet aus, was sie wirklich ausmacht: ihre Werte, ihre Persönlichkeit und, naja, vielleicht auch die Fähigkeit, nicht ständig über Politik zu reden.

Diversität, aber bitte nur nach Vorschrift

Das Absurde an Jettes These ist, dass sie Diversität predigt, aber gleichzeitig Männer ausschließt, die nicht in ihr politisches Weltbild passen. Diversität heißt eben nicht nur, verschiedene Hautfarben, Geschlechter oder Lebensstile zu akzeptieren, sondern auch unterschiedliche Meinungen. Wenn man alles, was nicht links-grün ist, von vornherein disqualifiziert, dann ist das keine Offenheit – das ist ideologischer Tunnelblick.

Was macht einen „richtigen Mann" aus?

Die Vorstellung, dass ein „richtiger Mann" nur ein links-grüner Aktivist sein kann, ist genauso engstirnig wie das Klischee des toxischen Machos. Richtig Mann – oder richtig Frau – zu sein, hat nichts mit politischen Labels zu tun. Es geht darum, wie man mit anderen Menschen umgeht, ob man Verantwortung übernimmt und ob man zu seinen Überzeugungen steht, ohne andere niederzumachen. Ob das dann mit einem SUV oder einem Lastenrad geschieht, ist ziemlich nebensächlich.

Der wahre Dating-Killer: Moralkeule statt Charme

Vielleicht ist der Grund, warum manche Männer oder Frauen keine Dates mehr haben, nicht ihre politische Einstellung, sondern die ständige Moralkeule, die sie schwingen. Nichts killt die Romantik schneller, als wenn ein Date zur ideologischen Schulstunde wird. Niemand möchte beim Candle-Light-Dinner einen Vortrag über den CO_2-Fußabdruck seines Lieblingsburgers hören.

Fazit: Politik ist kein Ersatz für Persönlichkeit

Liebe Jette, wie wäre es, wenn wir Männer – und Frauen – einfach wieder als Menschen betrachten, statt als wandelnde Parteiprogramme? Politik kann wichtig sein, aber sie ist kein Ersatz für Humor, Empathie oder eine gute Portion Charme. Vielleicht sollten wir uns beim Dating lieber darauf konzentrieren, wer jemand ist, statt darauf, wo er auf dem politischen Spektrum steht. Denn ob links, rechts oder irgendwo dazwischen: Am Ende zählen die kleinen Dinge. Wie der, der dir beim ersten Date die Tür aufhält – egal ob er's mit grüner Agenda oder Lederjacke tut.

Also, es gibt Dinge, die kann man einfach nicht unkommentiert lassen – vor allem, wenn jemand wie Jette Niezard eine Meinung verbreitet, die genauso viel Widerspruch in sich trägt wie ein schlecht geplanter Überraschungseier-Versuch. Da postet sie ein Video, in dem sie sich leicht bekleidet an der Stange dreht, und ist dann entrüstet, dass Männer ihre Meinung zu diesem kleinen "Kunstwerk" äußern. Moment mal, was genau hat sie erwartet? Ein Eintrag in die Hall of Fame der feministischen Leistung? Applaus und Ehrung für den Ausdruck ihrer „Selbstbestimmung"?

Selbstbestimmung, solange es niemand sagt

Feminismus und Selbstbestimmung sind ja an sich großartige Themen – wenn man die Freiheit hat, selbst zu entscheiden, wie man sich ausdrückt und was man mit seinem Körper macht. Aber Moment, wer selbst in die Öffentlichkeit geht und dabei das ein oder andere freizügige Video teilt, der muss sich nicht wundern, wenn auch andere eine Meinung dazu haben. Und diese Meinung kann eben auch Kritik beinhalten. Es ist schon eine gewaltige Portion Ironie, sich als "freie Frau" zu feiern und gleichzeitig zu beklagen, dass andere auf dieses "Selbstbestimmungs-Statement" reagieren. Denn, Überraschung, Freiheit bedeutet eben auch, dass nicht jeder Beifall klatscht.

Der doppelte Standard der „Freiheit"

Das ist der Punkt, an dem es wirklich zum Schmunzeln anregt. Jette, die sich für „Selbstbestimmung" und die Freiheit von Frauen stark macht, stellt sich dann überaus empört, dass diese Freiheit auch den Männern ihre freie Meinungsäußerung zugesteht. Und hier kommen wir zu dem wirklich interessanten Teil: Wie kann es sein, dass Frauen alles tun dürfen, um ihre „Freiheit" auszuleben, während die gleiche Freiheit von Männern, eine Reaktion zu zeigen, als problematisch angesehen wird? Vielleicht wäre es hilfreich, den Begriff der Freiheit einmal von beiden Seiten zu betrachten – und nicht nur dann zu fordern, wenn es um die eigene, bejubelte Aktion geht.

Fazit: Freiheit bedeutet eben auch Verantwortung

Es ist immer wieder faszinierend, wie sich die Definition von Freiheit ändert, wenn man plötzlich selbst Teil der „öffentlichen Wahrnehmung" ist. Jette wollte durch ihre Stangentanz-Performance sicherlich eine gewisse Botschaft senden – aber wenn man sich in die Öffentlichkeit begibt, muss man auch die Konsequenzen akzeptieren.

Und die können eben auch Kritik beinhalten. Feminismus sollte nicht heißen, sich gegen alles zu wehren, was einem unangenehm ist, sondern die Fähigkeit zu entwickeln, auch unangenehme Rückmeldungen zu akzeptieren, ohne gleich in Empörung zu verfallen. Denn Freiheit bedeutet nicht nur, tun und lassen zu können, was man möchte, sondern auch, mit der Freiheit anderer zu leben – und das schließt die Freiheit ein, eine eigene Meinung zu haben.

Liebe Frauen, jetzt mal ganz ehrlich: Mit eurem ständigen Gezeter gegen Männer erreicht ihr doch nur eins – dass die letzten richtigen Männer irgendwann das Weite suchen. Und nein, damit meine ich nicht den schüchternen Typen, der euch ständig fragt, ob es okay ist, wenn er noch atmet. Ich meine die echten Kerle! Die, die einen Nagel in die Wand schlagen können, ohne drei Tutorials zu schauen, und die einen Grill anzünden, ohne dabei an CO_2-Bilanzen zu denken.

Ihr könnt sie mit eurer Dauer-Nörgelei tatsächlich vergraulen. Und dann? Dann könnt ihr euch den ganzen Schönheitswahn auch sparen. Denn wozu noch High Heels, wenn niemand mehr da ist, der euch aus ihnen herauskomplimentiert? Oder die teure Mascara, wenn euch nur noch euer Kaktus zuhört, wie schlecht Männer sind?

Die Ironie? Während ihr noch mit perfektem Eyeliner über die toxische Maskulinität schimpft, sitzen die Männer längst irgendwo zusammen, trinken Bier, und sagen: **„Weißt du was? Vielleicht bleiben wir einfach unter uns. Ist entspannter."**

Und sind wir mal ehrlich: Ein echter Mann mag Ecken und Kanten, keine makellosen Filtergesichter. Also entspannt euch! Zieht die Jogginghose an, legt das Gezeter beiseite und merkt euch: Männer sind nicht euer Feind. Sie sind genauso überfordert von all dem wie ihr. Und wer weiß – vielleicht schlägt er euch am Ende sogar ein Date vor.

Die Medien – die wahre Quelle der Wahrheit... oder doch nicht?

Ach, die Medien! Was würden wir nur ohne sie tun? Vielleicht ein bisschen mehr nachdenken, bevor wir uns einer allumfassenden Meinung anschließen – aber wozu das, wenn einem alles so schön serviert wird?

Willkommen im Land des „Haltungsjournalismus", wo Meinungen nicht mehr nur berichtet, sondern gleich „geprägt" werden. Ob Corona oder Ukraine-Krise – in den Nachrichten hört man nur eines: **Wir im Westen, die Guten**. Alle anderen? Na, die sind natürlich **die Bösen**. Ganz klar, oder?

Die wahre Wahrheit der Wahrheit

Wer sich heute noch wagt, eine abweichende Meinung zu haben, wird – Überraschung! – sofort in die „falsche Ecke" gestellt. In einer Welt, in der jeder, der nicht der links-grünen Position zustimmt, direkt als Leugner, Hetzer oder einfach nur als „zu dumm, um zu verstehen" abgestempelt wird, bleibt kaum Raum für differenzierte Diskussionen. Denn mal ehrlich, wer braucht schon Meinungsvielfalt, wenn man stattdessen eine Einheitsmeinung verkaufen kann, die in jeder Nachrichtensendung genau gleich klingt?

Dunja Hayali – die Heldin des Haltungsjournalismus

Apropos Medien… Was sich bei einigen „journalistischen Größen"
abspielt, ist fast schon Comedy. Nehmen wir mal Dunja Hayali. Sie
verlässt X (ehemals Twitter), weil sie die Kritik an ihrer Person nicht
mehr ertragen kann. Klar, wer mag schon konstruktive Kritik, wenn
man in der Arena der politischen Haltungen als Superheldin auftreten möchte? Aber keine Sorge, sie findet ihren Trost bei „Momo"
(morgens, montags, ganz wichtig), um sich dort von ihrer Kollegin
so richtig schön vor laufender Kamera mobben zu lassen. Also, ein
Hoch auf die Medien, die uns das alles zeigen, als wäre es der wahre
Lebenssinn.

Gängelung – eine neue Sportart?

Es scheint, als wäre Meinungsfreiheit nur noch dann willkommen,
wenn sie sich in die „richtige" Richtung bewegt. Sonst wird sie kurzerhand als „gefährlich" deklariert und in die Ecke der schlechten
Ideen verbannt. In einer Welt, in der jeder eine Meinung hat, aber
nur die „richtige" gehört wird, ist es doch irgendwie beruhigend zu
wissen, dass wir von den Medien bestens betreut werden – mit genau der richtigen Meinung, die uns vor den großen, bösen „Fein-
den" schützt. Ach, wie schön!

Fazit: Willkommen im Zeitalter der Wahrheit à la Medien

Also, warum sich selbst Gedanken machen, wenn einem die richtigen Meinungen eh schon in schönster Form präsentiert werden?
Wer braucht schon abweichende Meinungen oder eine Diskussion,
wenn man stattdessen einfach den immerwährenden Applaus der
„richtigen" Seite haben kann? Die Medien haben uns da wirklich ein
schönes, bequemes Plätzchen geschaffen – direkt in der Welt der
richtigen Wahrheit, der richtigen Haltung und natürlich der richtigen Politik. Herzlichen Glückwunsch, wir haben es geschafft!

Wo soll der Blödsinn noch hinführen, wenn der ÖRR uns im Jugendprogramm Beiträge zeigt, wo, egal, um was es geht, "Männer" immer die Schuldigen sind? Oder wenn Beiträge laufen, die dahin abzielen, dass Jungs dümmer sind als Mädchen? Was kommt als Nächstes? Eine Doku mit dem Titel: *"Warum Männer das Rad nur zufällig erfunden haben – und wie Frauen es eigentlich besser gemacht hätten"*? Vielleicht ein Lehrfilm, in dem ein Junge versucht, eine Glühbirne einzuschrauben, und am Ende trotzdem nur das Licht im Kühlschrank angeht?

Ach, wo kämen wir bloß hin, wenn wir uns die Welt ohne die unermüdlichen Hände und Köpfe der Männer vorstellen müssten? Eine Welt ohne Burgen, Schlösser und heroische Denkmäler – stattdessen endlose Reihen von Nagelstudios und Smoothie-Bars. Nicht zu vergessen: Ein Problem mit verstopften Toiletten, dass niemand mehr lösen könnte, weil niemand sich in die dunklen Tiefen der Kanalisation wagt.

Wer steht denn auf den Bohrtürmen, trotzt Stürmen und peitschendem Regen, um die kostbaren Tropfen Erdöl ans Tageslicht zu holen? Wer klettert mit schwindelerregender Präzision in Höhen, in denen der Sauerstoff dünner wird, nur um Fenster an Wolkenkratzern zu putzen oder gigantische Gebäude zu errichten? Männer! Mit Helm, Werkzeugkasten und oft genug einem waghalsigen Optimismus bewaffnet.

Und wer hat uns all die Heldenlieder geschenkt? Von Beowulf bis Batman, stets waren es Männer, die mit Schwert oder Cape bewaffnet für das Gute kämpften. Ohne sie hätten wir wahrscheinlich keine Mythen, sondern nur Therapiesitzungen – und das auch nur in Designer-Interieurs mit Farbkonzept "Instagram-tauglich".

Und jetzt höre ich diese Stimmen, die sagen: "Wir Frauen können das alles auch!" – Und sicher, das können sie! Nur, liebe Damen, warum dann nicht auch mal mit einem Schraubenschlüssel in der

Kanalisation verschwinden, statt sich über den Wellness-Spa-Vergleich in der Yelp-Rezension zu ärgern? Das ist Gleichberechtigung auf Augenhöhe!

Währenddessen bleibt der Mann tapfer und pragmatisch: Wo ein Problem ist, da ist eine Lösung. Wo ein Berg ist, da wird er bestiegen. Und wo ein verstopftes WC ist – na ja, da wird's ein Mann richten. Ob der Held der Geschichte dann namentlich im Abendprogramm erwähnt wird? Wohl kaum. Aber das Leben ist ja auch kein Netflix-Special, sondern harte Realität – und Männer sind darin oft genug die Stars der unsichtbaren Bühne.

Was wollen uns die linken Feministinnen von heute eigentlich erzählen? Dass sie alles besser können als das männliche Geschlecht? Darf man das überhaupt noch sagen? Oder muss ich vorher meine Gender-Sensibilitäts-App konsultieren, um sicherzugehen, dass ich niemanden "triggere"?

Fakt ist: Seitdem so viele links-grüne Quotenfrauen in der Regierung sitzen, geht's in Deutschland rapide den Bach runter. Und wer stopft den Bach wieder? Vermutlich ein Mann mit Gummistiefeln, der nicht lange fragt, sondern macht. Aber das sieht natürlich niemand im Gendergerechten Deutschland von heute.

Schauen wir doch mal genauer hin: Wir haben da eine Frau Faeser, die mehr Zeit darauf verwendet, harmlose Spaziergänger und Bürger als Staatsfeinde zu brandmarken, als sich um unsere innere Sicherheit zu kümmern. Und wie läuft's in der Außenpolitik? Nun ja, wenn Annalena Baerbock Putin mal eben den Krieg erklärt, aber den Unterschied zwischen Sibirien und einer Subvention nicht kennt, sollten wir uns vielleicht Sorgen machen. Aber hey, Hauptsache, sie hat beim nächsten Klimagipfel wieder eine neue PowerPoint-Präsentation dabei!

Ach ja, und Habeck, unser Hobby-Poet und Wirtschaftsminister. Er versteht von Wirtschaft in etwa so viel wie ein Goldfisch vom Treppensteigen. Aber das hindert ihn nicht daran, begeistert gefeiert zu werden – was ja ehrlich gesagt wenig feministisch ist. War das nicht die Idee? Frauenpower statt Männerhuldigung? Oder ist das bei Quotenfrauen plötzlich okay, solange es in die eigene Erzählung passt?

Und weil wir schon dabei sind, schauen wir doch mal nach Los Angeles. Dort sitzt eine linke Chefin der Feuerwehr, die so sehr damit beschäftigt war, LGPQ-Veranstaltungen zu organisieren, dass sie glatt übersehen hat, dass die Wasserreserven der Stadt langsam zur Neige gingen. Und das Ergebnis? Alles brennt. Tja, aber immerhin brennt es politisch korrekt, und das ist doch die Hauptsache, oder?

Währenddessen stehen irgendwo auf einem der letzten funktionierenden Bohrplattformen Männer, die wortlos schuften, damit wenigstens das Benzin für den Feuerwehrwagen noch reicht – falls er nicht längst elektrisch ist und an einer Ladestation festsitzt.

Manchmal fragt man sich, ob diese ganze moderne Politik nur ein riesiger Test ist, um zu sehen, wie viel ein Land ertragen kann, bevor es die Geduld verliert. Vielleicht sollten wir weniger darüber diskutieren, wer welches Pronomen benutzt, und mehr darüber, wie wir Wasser ins Reservoir oder Sicherheit auf die Straße bringen. Aber gut, das wäre ja viel zu pragmatisch – und Pragmatismus ist bekanntlich männlich kodiert.

Ich habe nichts gegen Frauen, bin ja selber eine – und darauf bin ich stolz. Aber eines sage ich euch: Ich lasse mir meine Träume von starken Männern nicht kaputtmachen! Ich will Ragnars, keine Rainbows. Männer mit Muskeln aus Stahl, die im Licht der Morgensonne glitzern – nicht wegen Glitzerlidschatten, sondern weil sie gerade einen Baum gefällt haben. Mit Brustbehaarung wie ein Grizzly, die nicht aus einer Styling-Schablone kommt, sondern aus reiner

Naturkraft. Männer, die zupacken können. Die mir nicht nur die Tür aufhalten, sondern zur Not das ganze Haus, falls es mal wieder einen Erdbeben-Test der Regierung gibt.

Und ja, ich will träumen dürfen. Von Kriegern, Machern, Männern, die mir nicht nur Rosen schenken, sondern zur Not den ganzen Rosenstrauch ausgraben, wenn ich sage, dass ich den schöner finde. Männern, die mich auf Händen tragen können – und das nicht nur metaphorisch, sondern tatsächlich. Mit solchen, die sich erst einmal fragen: *"Was wiegt mehr – die Frau meiner Träume oder eine volle Bierkiste?"* Und die Antwort? Na klar, die Frau, aber Bierkisten sind auch kein Problem.

Was ich nicht brauche, sind Diskussionen über Nagellackfarben mit dürren Männern in Strapsen, die ihre Zeit vor dem Spiegel verbringen – und zwar länger als ich! Ehrlich, worauf soll ich da stolz sein? Dass er den Farbton "Vintage-Rosé mit einem Hauch von Rebellion" entdeckt hat? Nein, danke. Ich will keine *Boys, die sich fragen, ob die pinken Sneaker zum veganen Sojamilch-Macchiato passen.* Ich will Männer, die nach einer Runde Holzfällen einfach fragen: "Fleisch oder noch mehr Fleisch?"

Und was ist mit diesen Typen, die dir ein strenges Gender-Lexikon vorlegen, bevor sie überhaupt *Hallo* sagen? Jungs, ich will kein Pronomen-Labyrinth, sondern einen Mann, der einfach brüllt: *"SCHATZ, WO SIND MEINE SOCKEN?"* und mir damit das Gefühl gibt, dass er mich braucht – auch wenn es nur für die Sockensuche ist.

Natürlich liebe ich Gleichberechtigung. Ich will eine starke Frau sein, die ihren Weg geht. Aber gleichzeitig will ich einen starken Mann an meiner Seite, der weiß, wie man ein Regal anbringt, ohne dass es am nächsten Tag abfällt. Der mir einen Gin Tonic mixen kann, nicht mit feinen Ziseliergriffen, sondern mit genau der richtigen Prise von "Ach, passt schon".

Träumt weiter, liebe Schwestern, von Gleichberechtigung und Freiheit. Aber lasst mich bitte träumen von einem Mann, der mich beschützt, der zupackt, und der nicht bei jedem Satz fragt: *"War das jetzt toxisch?"* Spoiler: Wenn du fragen musst, war es wahrscheinlich nicht toxisch genug!

Und ja, es gibt sie, die cleveren und gebildeten Frauen – echte Perlen in einer Zeit, in der Oberflächlichkeit oft lauter glänzt als Substanz. Doch komischerweise lädt man diese Frauen kaum noch in Talkshows ein. Vielleicht, weil sie dort nicht einfach nur Nicken und Phrasen dreschen, sondern tatsächlich etwas zu sagen haben? Und mal ehrlich: So manche feministische Moderatorin oder Journalistin will doch lieber im Rampenlicht strahlen, als sich eingestehen, dass Quote allein keine Intelligenz herbeizaubern kann.

Starke Frauen, die etwas auf sich halten, machen sich schlau. Sie lesen, lernen, hinterfragen – sie lassen sich nicht vom neuesten "Empowerment"-Buzzword einlullen, das eigentlich nur ein fancy Deckmantel für Gruppenzwang ist. Denn echte Stärke zeigt sich nicht in der Lautstärke, sondern im Denken.

Starke Frauen folgen nicht blind jedem Trend oder jeder Ideologie, nur weil es gerade hip ist. Sie kaufen sich nicht das zehnte feministisch bedruckte T-Shirt mit *"Girlboss"* oder *"Smash the Patriarchy"*, wenn der Stoff davon in einer Männerfirma in Bangladesch genäht wurde. Und warum nicht? Weil sie verstanden haben, dass wahre Stärke nichts mit Aufkleber Parolen zu tun hat, sondern mit Haltung.

Diese Frauen marschieren nicht blind mit der Masse, nur weil es bequemer ist. Sie wissen, dass Rückgrat manchmal unbequem sein kann – vor allem, wenn man es benutzt. Sie machen sich ihre eigenen Gedanken und stellen Fragen, die wehtun können: *"Wieso reden wir so viel über Gleichberechtigung, aber delegieren die Verantwortung an eine*

Quote?" oder *"Wie gleichberechtigt ist es, andere kleinzureden, um sich größer zu fühlen?"*

Und während der Mainstream vielleicht die Pappschilder schwingt und Gender-Debatten über Sternchen führt, sitzt die starke Frau in der Ecke, trinkt ihren Kaffee – schwarz, versteht sich – und fragt sich, wie sie den nächsten Schritt nach vorne machen kann. Sie hat es nämlich nicht nötig, sich im Kollektiv zu verstecken, weil sie auch allein stehen kann.

Die Wahrheit ist: Solche Frauen haben es nicht nötig, ständig über Stärke zu reden. Sie *sind* es einfach. Und ja, das kann für so manche Instagram-Feministin oder Talkshow-Expertin beängstigend sein. Denn wahre Stärke ist still, unaufgeregt und vor allem: echt.

Islam und die Rechte der Frau

Der Islam, eine der größten Weltreligionen, hat in seiner über 1400-jährigen Geschichte viele Diskussionen über die Rechte der Frau ausgelöst. Die religiösen Schriften und die vielfältigen Interpretationen haben dabei sowohl Lob als auch Kritik hervorgerufen. Es ist wichtig, die Komplexität des Themas zu betrachten, ohne sich auf vereinfachte Klischees oder Pauschalurteile zu verlassen.

Die historische Perspektive

Zur Zeit der Entstehung des Islam im 7. Jahrhundert brachte der Koran einige Regelungen, die für die damalige arabische Gesellschaft als fortschrittlich galten. Frauen erhielten das Recht auf Erbschaft, wenn auch nicht in gleichem Maße wie Männer. Sie wurden ausdrücklich als spirituell gleichwertig zu Männern betrachtet (*"Die gläubigen Männer und die gläubigen Frauen sind einander Helfer"* – Sure 9:71). Eheverträge und das Recht auf Scheidung waren ebenfalls neuartige Mechanismen, um Frauen eine gewisse Absicherung zu bieten.

Diese Prinzipien standen im Kontrast zu vielen anderen Gesellschaften der damaligen Zeit, in denen Frauen oft als Eigentum behandelt wurden. Doch wie in allen Religionen hängt die tatsächliche Umsetzung dieser Rechte stark von kulturellen und politischen Kontexten ab.

Die Realität heute: Vielfalt statt Einheit

Heute gibt es keine einheitliche Praxis im Umgang mit Frauenrechten im Islam, denn der Islam wird in sehr unterschiedlichen Kulturen gelebt. In manchen Ländern genießen Frauen umfangreiche Freiheiten, während in anderen Staaten Gesetze und soziale Normen stark einschränkend wirken.

Beispiele von Fortschritten und Einschränkungen:

- **Fortschrittliche Entwicklungen:** In Ländern wie Indonesien, Malaysia oder auch Teilen der arabischen Welt engagieren sich muslimische Frauen in Politik, Wirtschaft und Wissenschaft. Es gibt Bewegungen muslimischer Feministinnen, die sich für Gleichberechtigung und Bildung einsetzen, oft gestützt auf islamische Prinzipien der Gerechtigkeit.
- **Einschränkungen:** Gleichzeitig gibt es Länder wie Saudi-Arabien, Afghanistan oder den Iran, in denen Frauenrechte massiv eingeschränkt werden. Hier werden oft kulturelle Traditionen oder politische Ideologien als islamisch gerechtfertigt, obwohl sie in religiösen Texten nicht eindeutig vorgeschrieben sind.

Die Rolle des Kopftuchs

Ein zentrales Symbol in Diskussionen über den Islam und die Rechte der Frau ist das Kopftuch. Für manche Frauen ist es ein Ausdruck von Religiosität, Identität oder auch Widerstand gegen westliche Erwartungen. Andere fühlen sich gezwungen, es zu tragen, was einen Verlust von Selbstbestimmung bedeutet. Beide Perspektiven existieren und müssen respektiert werden.

Bildung und Unabhängigkeit

Ein großes Spannungsfeld im islamischen Kontext bleibt der Zugang zu Bildung und ökonomischer Unabhängigkeit. Der Prophet Mohammed selbst betonte: *"Die Suche nach Wissen ist eine Pflicht für jeden Muslim, ob Mann oder Frau."* Dennoch bleiben viele Mädchen und Frauen weltweit von Bildung ausgeschlossen, nicht zuletzt aufgrund patriarchaler Strukturen.

Moderne muslimische Feministinnen

Muslimische Feministinnen argumentieren, dass viele der heutigen
Missstände auf patriarchale Lesarten der religiösen Texte zurückzuführen sind und nicht auf den Islam selbst. Sie fordern eine Rückkehr zu den Prinzipien der Gerechtigkeit und spirituellen Gleich-
wertigkeit, die im Koran verankert sind.

Fazit: Eine Debatte mit Nuancen

Die Rechte der Frau im Islam sind kein Schwarz-Weiß-Thema. Die
Religion bietet einerseits Grundsteine für Gleichberechtigung, andererseits haben historische und kulturelle Entwicklungen dazu geführt, dass viele Frauen diese Rechte nicht ausüben können. Eine
differenzierte Betrachtung, die zwischen Religion und Kultur unter-
scheidet, ist entscheidend, um die Rechte der Frau im Islam gerecht
zu beurteilen und zu fördern.

Die Realität der Migrationspolitik und ihre Herausforderungen

Die aktuelle Migrationspolitik in Deutschland wird von vielen als humanitäre Notwendigkeit verteidigt, aber sie bleibt nicht ohne kritische Fragen und Herausforderungen. Fakt ist: Mit der Aufnahme von Hunderttausenden Migranten, insbesondere aus patriarchalisch geprägten Kulturen, kommen nicht nur Menschen in unser Land, die Schutz suchen, sondern auch solche, die mit den Grundwerten unserer Gesellschaft auf Konfliktkurs stehen.

Während Politikerinnen wie Katrin Göring-Eckardt, die in der Vergangenheit für ihre Willkommensrhetorik bekannt war, oder Claudia Roth, die gerne von einer „Bereicherung unserer Gesellschaft" spricht, die positiven Seiten betonen, zeigen die Fakten ein differenzierteres Bild. Laut Polizeistatistiken hat die Zahl von Gewaltverbrechen, insbesondere Gruppenvergewaltigungen, in den letzten Jahren zugenommen – ein Thema, das viele gerne verschweigen. Diese Taten sind nicht nur schockierend, sondern sie werfen auch Fragen auf, wie gut Integration tatsächlich funktioniert und welche Risiken eine unkontrollierte Migration birgt.

Die Rolle der Polizei-Statistik

Die Zahlen sprechen für sich: Eine wachsende Zahl von Fällen von Massenvergewaltigungen, bei denen die Täter oft aus bestimmten Herkunftsländern stammen, ist dokumentiert. Dabei geht es nicht um die Diffamierung einer gesamten Gruppe, sondern um die ehrliche Anerkennung von Problemen, die spezifische kulturelle Hintergründe haben. Wenn Frauen in Deutschland nicht mehr sicher auf der Straße gehen können, dann ist das kein Randthema, sondern ein Angriff auf unsere grundlegenden Werte – auf Freiheit und Sicherheit.

Das Versagen der Politik

Anstatt diese Probleme klar zu benennen und zu adressieren, werden sie oft relativiert oder gar ignoriert. Politikerinnen wie Göring-Eckardt, die sich gerne als Verteidigerin von Menschenrechten inszenieren, verlieren jedoch an Glaubwürdigkeit, wenn sie beispielsweise ihrem eigenen Ehemann staatliche Millionenaufträge verschafft. Dass solche Doppelstandards nicht mehr als „normaler Politikbetrieb" durchgehen, versteht sich von selbst – zumindest für die Bürger, die am Ende die Konsequenzen tragen.

Eine gefährliche Schieflage

Die Idee, dass jeder Migrant automatisch ein „Frauenversteher" ist oder sich sofort an die Werte einer liberalen Gesellschaft anpasst, ist naiv und wird von der Realität widerlegt. Die Erfahrung zeigt: Manche kommen mit einem Weltbild, das mit Gleichberechtigung oder Respekt vor Frauenrechten wenig zu tun hat. Und das wäre nicht so problematisch, wenn der Wille zur Veränderung da wäre. Doch oft wird diese Veränderung gar nicht eingefordert – aus Angst, als fremdenfeindlich oder intolerant zu gelten.

Was muss passieren?

Es ist an der Zeit, ehrlich zu diskutieren, welche Risiken mit einer unregulierten Migrationspolitik verbunden sind. Nicht jeder, der nach Deutschland kommt, ist automatisch ein Täter – aber wir müssen sicherstellen, dass die, die kommen, unsere Gesetze respektieren und die Werte unserer Gesellschaft akzeptieren. Integration ist keine Einbahnstraße, und sie funktioniert nur, wenn klare Erwartungen gesetzt und durchgesetzt werden.

Wenn die Politik weiterhin blind für diese Probleme bleibt, wird sie nicht nur das Vertrauen der Bevölkerung verspielen, sondern auch den sozialen Frieden gefährden. Es ist keine Frage des „ob", sondern des „wann", dass solche Probleme auf breiterer Ebene explodieren, wenn nichts getan wird.

Fazit

Es geht nicht darum, die Tür für Schutzsuchende zu schließen – sondern darum, sie nur für diejenigen zu öffnen, die bereit sind, die Grundwerte unserer Gesellschaft mitzutragen. Und es geht darum, die Täter von Massenverbrechen konsequent zur Verantwortung zu ziehen, unabhängig von ihrer Herkunft. Eine Willkommenspolitik ohne klare Regeln und Sanktionen ist nicht humanitär, sondern gefährlich – für alle, die hier leben.

Wenn die Wahrheit auf der Strecke bleibt

Es ist bemerkenswert, wie schnell manche Politiker bereit sind, die Verantwortung für Krawalle, Gewalt und sogar Attentate zu verschleiern – und das oft mit erstaunlichen Argumenten. Statt die Täter beim Namen zu nennen und klar anzusprechen, welche Hintergründe oder Ideologien zu solchen Taten führen, wird die Schuld einfach auf „alkoholisierte Männer" geschoben, wie es neulich von Katharina Schulze zu hören war.

Natürlich, Alkohol kann Aggressionen verstärken. Aber so zu tun, als sei der Alkohol der Hauptschuldige – und nicht etwa kulturelle Konflikte, fehlende Integration oder auch radikale Weltbilder – ist mehr als nur Augenwischerei. Es ist ein Ablenkungsmanöver, das die Diskussion vom Kern des Problems wegführt: der mangelnden Bereitschaft, Verantwortung einzufordern und Fehlverhalten klar zu benennen.

Die Angst vor unbequemen Wahrheiten

Warum diese Zurückhaltung? Ganz einfach: Es ist bequemer, die Diskussion zu verwässern, als klare Worte zu sprechen. Namen und Hintergründe von Tätern zu benennen, könnte die Aufmerksamkeit auf Versäumnisse in der Migrations- und Integrationspolitik lenken. Und das würde Fragen aufwerfen, die manche Politiker lieber nicht beantworten möchten.

Doch wer profitiert von diesem Schweigen? Sicher nicht die Opfer von Krawallen oder Attentaten. Sicher nicht die Bürger, die sich nach Sicherheit sehnen. Und sicher nicht die Gesellschaft als Ganzes, die einen offenen und ehrlichen Umgang mit Problemen braucht, um Lösungen zu finden.

Ein schwaches Bild

Ein Satz wie „Es waren betrunkene Männer" ist nicht nur eine Vereinfachung, sondern auch ein Schlag ins Gesicht all jener, die den Mut haben, die tieferen Ursachen solcher Taten anzusprechen. Ja, Männer begehen mehr Gewaltverbrechen – das ist statistisch belegbar. Aber diese Tatsache reicht nicht aus, um spezifische Probleme zu erklären, wie Krawalle in bestimmten Stadtvierteln oder Angriffe mit ideologischem Hintergrund.

Ein schwaches Bild gibt auch die Politik ab, die sich oft in moralischen Appellen verliert, anstatt klare Handlungsanweisungen zu geben. Der Schutz von Opfern von Gewalttaten sollte immer Priorität haben.

Wenn Ideologie über den Dienst am Volk steht: Politikerinnen zwischen Überzeugung und Machtmissbrauch

Die Aufgabe von Politikerinnen und Politikern ist es, das Gemeinwohl zu fördern und die Interessen der Bevölkerung zu vertreten. Doch in der Realität geraten diese Prinzipien oft in den Hintergrund, wenn die Verwirklichung ideologischer Ziele zur obersten Priorität wird. Dies betrifft nicht nur männliche, sondern auch weibliche Politiker, die ihre Machtpositionen gelegentlich für die Durchsetzung ihrer Weltanschauungen nutzen – häufig zum Nachteil des Volkes, dem sie dienen sollen.

1. Der Vorrang von Ideologie über Pragmatismus

Einige Politikerinnen sind fest von der Richtigkeit ihrer Ideologie überzeugt und streben danach, diese kompromisslos umzusetzen. Dieses Verhalten wird problematisch, wenn:

- die Ideologie realitätsferne Ziele verfolgt,
- sie gesellschaftliche Spaltungen vertieft, oder
- sie die Lebensrealität und Bedürfnisse der Menschen ignoriert.

Ein Beispiel hierfür findet sich in der Umwelt- oder Gleichstellungspolitik. Während Klimaschutz und soziale Gerechtigkeit essenzielle Ziele sind, können radikale Maßnahmen, die wirtschaftliche und soziale Konsequenzen außer Acht lassen, das Vertrauen der Bevölkerung schwächen. Eine Politikerin, die etwa kompromisslos auf Verbote und Regularien setzt, ohne den Dialog mit Betroffenen zu suchen, gefährdet den gesellschaftlichen Konsens.

2. Ausnutzen von Machtpositionen zur Durchsetzung ideologischer Ziele

Frauen in Machtpositionen können ihre Stellung nutzen, um ideologische Agenden auf Kosten demokratischer Prozesse voranzutreiben. Typische Mechanismen sind:

a) Mediale Inszenierung

Politikerinnen setzen häufig auf eine mediale Selbstdarstellung, um ihre ideologischen Botschaften emotional aufzuladen. Sie inszenieren sich als Kämpferinnen gegen ein "veraltetes System" oder "patriarchale Strukturen", was ihrer Agenda zusätzlichen Schwung verleiht, jedoch nicht immer von realen Fortschritten begleitet wird.

b) Einflussnahme auf Gesetzgebung und Institutionen

Machtpositionen bieten die Möglichkeit, ideologisch ausgerichtete Gesetze zu forcieren oder Institutionen zu besetzen, die langfristig politische Narrative fördern. Wenn etwa Bildungspolitik genutzt wird, um Kinder frühzeitig mit ideologisch gefärbten Konzepten zu prägen, kann dies generationsübergreifende Auswirkungen haben.

c) Unterdrückung oppositioneller Meinungen

Manche Politikerinnen nutzen ihre Position, um kritische Stimmen zu delegitimieren. Kritiker werden als rückständig oder feindlich gegenüber Fortschritt dargestellt, wodurch ein offener Diskurs erschwert wird. Ein solcher Umgang mit abweichenden Meinungen widerspricht jedoch demokratischen Grundprinzipien.

3. Historische und aktuelle Beispiele

Historisch gesehen gab es Frauen, die ihre Machtpositionen ideologisch geprägt ausnutzten:

- **Margaret Thatcher**, obwohl konservativ, stand oft in der Kritik, Maßnahmen durchzusetzen, die Teile der britischen Gesellschaft benachteiligten, etwa durch ihre neoliberale Wirtschaftspolitik.
- **Imelda Marcos**, die ehemalige First Lady der Philippinen, nutzte ihre Macht für persönlichen Gewinn und eine übersteigerte nationale Inszenierung, die ihre politische Ideologie glorifizierte.

In der Gegenwart sind wohlstandsverwöhnte Blagen wie Greta Thunberg, die ewige Schulschwänzerin, ein Beispiel dafür, wie Ideologie eine öffentliche Bewegung dominieren kann – während normale Schüler Mathe pauken, hält sie Vorträge vor der UNO und bringt dabei mehr Erwachsene ins Schwitzen als eine Steuerprüfung.

4. Die Gefahr für Demokratie und Gesellschaft

Wenn Ideologien den Dienst am Volk verdrängen, hat das ernste Konsequenzen:

- **Vertrauensverlust:** Bürgerinnen und Bürger verlieren das Vertrauen in die politische Klasse, wenn ihre Interessen zugunsten ideologischer Ziele ignoriert werden.
- **Spaltung:** Eine kompromisslose Umsetzung von Ideologien kann gesellschaftliche Spannungen verschärfen, insbesondere wenn nicht alle Gruppen gleichermaßen repräsentiert werden.
- **Machtmissbrauch:** Die Ausnutzung von Institutionen oder mediale Manipulation untergraben demokratische Werte.

5. Wie diesem Trend entgegengewirkt werden kann

- **Transparenz:** Politikerinnen sollten ihre Entscheidungen transparent machen und ihre Ideologie nicht hinter vermeintlichem Pragmatismus verbergen.
- **Dialogorientierung:** Eine offene Kommunikation mit der Bevölkerung und der Einbezug kritischer Stimmen fördern den gesellschaftlichen Konsens.
- **Checks and Balances:** Demokratische Institutionen müssen so gestaltet sein, dass die Macht Einzelner – unabhängig von Geschlecht oder Ideologie – begrenzt wird.

Frauen und ihre Begeisterung für Ideologien – Eine kritische Betrachtung

Die Frage, warum sich Menschen im Allgemeinen und Frauen im Besonderen für Ideologien begeistern können, ist komplex und vielschichtig. Ideologien versprechen oft klare Antworten in einer unübersichtlichen Welt. Sie bieten Sinn, Identität und Zugehörigkeit, und diese psychologischen Bedürfnisse kennen keine geschlechtsspezifischen Grenzen. Dennoch gibt es historische Beispiele, in denen Frauen eine bedeutende Rolle in der Unterstützung oder Verbreitung ideologischer Bewegungen gespielt haben.

Psychosoziale Faktoren

Frauen, die historisch stärker von patriarchalen Strukturen geprägt waren, suchten häufig nach Wegen, um soziale Sicherheit, Anerkennung und Macht zu gewinnen. Ideologien können dabei als vermeintliches Mittel zur Selbstermächtigung erscheinen. Die Rollen, die Frauen in solchen Kontexten übernehmen, reichen von unterstützenden Funktionen bis hin zu aktiver Mitgestaltung. Ideologien bieten zudem oft klare moralische und soziale Normen, die Orientierung in unsicheren Zeiten versprechen – aber oft falsche Versprechungen sind.

Ein Beispiel hierfür ist die Begeisterung vieler Frauen für Adolf Hitler und den Nationalsozialismus. In den 1930er und 1940er Jahren waren Frauen in Deutschland oft mit gesellschaftlicher Unsicherheit konfrontiert, sei es durch wirtschaftliche Instabilität, den Verlust der Männer im Ersten Weltkrieg oder durch den Zerfall traditioneller sozialer Strukturen. Der Nationalsozialismus versprach Stabilität, Schutz und eine Rückkehr zu "klaren" Rollenbildern. Gleichzeitig wurden Frauen als "Mütter der Nation" idealisiert, was ihnen eine scheinbare Aufwertung innerhalb des Systems verschaffte.

Historische Beispiele

1. **Der Nationalsozialismus:** Viele deutsche Frauen sahen in Hitler einen Führer, der ihre Rolle im gesellschaftlichen Gefüge stärkte. Organisationen wie der Bund Deutscher Mädel (BDM) richteten sich gezielt an junge Frauen, um sie ideologisch zu formen. Zudem unterstützten Frauen aktiv das Regime, etwa als Helferinnen in der Verwaltung, in der Propaganda oder als Krankenschwestern an der Front.
2. **Religiöse Bewegungen:** Auch in religiösen Bewegungen waren Frauen oft enthusiastische Anhängerinnen. Die Kreuzzüge im Mittelalter, die puritanische Bewegung in England oder die christlichen Erweckungsbewegungen in den USA im 19. Jahrhundert zogen viele Frauen an, da sie hier oft eine zentrale Rolle als moralische Instanz oder spirituelle Führungsfiguren einnehmen konnten.
3. **Kommunismus:** In sozialistischen und kommunistischen Bewegungen des 20. Jahrhunderts spielten Frauen eine wichtige Rolle. Diese Ideologien boten ihnen theoretisch die Aussicht auf Gleichberechtigung und soziale Teilhabe. Figuren wie Rosa Luxemburg oder Alexandra Kollontai stehen symbolisch für die weibliche Beteiligung an derartigen Bewegungen.

Kritik und Reflexion

Ein kritischer Blick zeigt jedoch, dass die Begeisterung für Ideologien oft nicht aus einer aktiven Entscheidung oder Befreiung heraus geschah, sondern aus gesellschaftlichem Druck, Propaganda und Manipulation. Frauen waren und sind anfällig für Ideologien, wenn diese ein Versprechen von Sicherheit, sozialem Status oder moralischer Überlegenheit vermitteln. Doch diese Begeisterung ist kein ausschließlich weibliches Phänomen – sie zeigt vielmehr, wie stark soziale und kulturelle Rahmenbedingungen unser Denken beeinflussen können.

Es bleibt entscheidend, historische Phänomene nicht auf Geschlechterunterschiede zu reduzieren, sondern die Wechselwirkungen zwischen Individuen, Ideologien und gesellschaftlichen Strukturen differenziert zu analysieren. So wird klar, dass Ideologien nicht nur Frauen, sondern Menschen aller Geschlechter in ihrem Bann ziehen können.

Abschließend bleibt festzuhalten, dass die Verquickung von Ideologie und Macht ein gesamtpolitisches Problem ist. Es betrifft Frauen und Männer gleichermaßen und erfordert eine Kultur, die Pragmatismus, Verantwortungsbewusstsein und Gemeinwohl über persönliche oder ideologische Ziele stellt.

Faszination für das Böse: Warum Frauen auf Serientäter und "böse Jungs" hereinfallen

Die Anziehungskraft, die einige Frauen gegenüber Serientätern oder sogenannten "bad boys" empfinden, ist ein faszinierendes psychologisches Phänomen. Dieses Verhalten lässt sich nicht pauschalisieren, sondern ist das Ergebnis eines komplexen Zusammenspiels aus sozialen, psychologischen und biologischen Faktoren. Eine zentrale Rolle spielt dabei das Charisma, das viele dieser Männer ausstrahlen.

1. Die Macht des Charismas

Charisma beschreibt die Fähigkeit, andere durch persönliche Ausstrahlung, Überzeugungskraft und emotionale Wirkung in den Bann zu ziehen. Serientäter wie Ted Bundy, der während seiner Prozesse eine große weibliche Anhängerschaft gewann, sind hierfür Beispiele. Trotz seiner grausamen Verbrechen wurde Bundy von vielen Frauen als charmant, intelligent und selbstbewusst wahrgenommen.

Charismatische Männer wirken oft besonders anziehend, weil sie Sicherheit und Selbstbewusstsein ausstrahlen. Menschen neigen dazu, charismatische Personen mit positiven Eigenschaften wie Intelligenz, Führungsstärke oder Attraktivität zu assoziieren – auch wenn diese Assoziationen irrational sein können.

2. Psychologische Faktoren

a) Der Reiz des Verbotenen

Das Konzept des "verbotenen Apfels" übt eine starke psychologische Wirkung aus. Menschen fühlen sich oft zu dem hingezogen, was tabu ist. Ein Mann, der außerhalb gesellschaftlicher Normen lebt, kann auf manche Frauen faszinierend wirken, da er als rebellisch, unkonventionell und aufregend wahrgenommen wird.

b) Das Helfersyndrom

Einige Frauen entwickeln eine tiefe emotionale Verbindung zu problematischen oder gefährlichen Männern, weil sie das Bedürfnis verspüren, sie zu "retten" oder zu "heilen". Sie glauben, durch ihre Liebe könnten sie diese Männer verändern. Dieses Verhalten kann in einer Co-Abhängigkeit münden, die oft ungesund ist.

c) Projektion von Fantasien

Frauen, die sich zu "bösen Jungs" hingezogen fühlen, projizieren oft romantische Fantasien auf diese Männer. Sie idealisieren sie und ignorieren dabei deren dunkle Seiten. Der Mann wird nicht mehr als reale Person wahrgenommen, sondern als Projektionsfläche für Wunschvorstellungen.

d) Biologische Erklärungen

Aus evolutionspsychologischer Sicht könnten Frauen sich zu dominanten oder riskanten Männern hingezogen fühlen, da diese Eigenschaften auf Stärke und Schutzfähigkeit hinweisen. Auch wenn diese Mechanismen in der modernen Gesellschaft nicht mehr zeitgemäß sind, könnten sie unbewusst noch wirken.

3. Historische und kulturelle Einflüsse

Die Medien spielen eine große Rolle bei der Romantisierung gefährlicher Männer. Filme, Serien und Bücher stellen "böse Jungs" oft als tiefgründige, missverstandene Charaktere dar. Die "Dark Romance"-Literatur ist ein Paradebeispiel dafür, wie gefährliche oder moralisch zweifelhafte Männer als faszinierende Helden dargestellt werden. Figuren wie Dracula oder Mr. Grey in *Fifty Shades of Grey* verkörpern diesen Archetyp.

Historisch betrachtet zeigt die Begeisterung für Kriminelle wie Bonnie und Clyde, dass gefährliche Männer immer wieder zur Legendenbildung beitragen und romantisiert werden.

4. Ein Blick auf die Realität

Die Anziehungskraft zu Serientätern oder gefährlichen Männern ist selten rational. Sie entsteht oft aus einem Zusammenspiel emotionaler Bedürfnisse, gesellschaftlicher Einflüsse und psychologischer

Muster. Dennoch ist es wichtig, dieses Phänomen kritisch zu betrachten und auf die potenziellen Gefahren hinzuweisen, die mit solchen Beziehungen einhergehen.

Frauen, die sich zu solchen Männern hingezogen fühlen, sollten ihre eigenen emotionalen Bedürfnisse hinterfragen: Was suche ich in dieser Beziehung? Was gibt mir diese Anziehung? Diese Reflexion kann helfen, destruktive Muster zu erkennen und zu durchbrechen.

Habeck und die Faszination fürs Charisma – Ein moderner "bad boy"?

Wenn man den psychologischen Mechanismus hinter der Faszination für "böse Jungs" auf Politiker überträgt, drängt sich ein überraschender Name auf: Robert Habeck. Besonders unter Anhängerinnen der Grünen wird er oft als charismatischer, sympathischer Typ beschrieben – der "Denker mit zerzaustem Haar" und der etwas andere Politiker, der mit poetischen Worten statt technokratischem Kauderwelsch punktet.

Doch ist Habeck nicht vielleicht der intellektuelle "bad boy" der deutschen Politik? Er mag nicht mit Lederjacke und Motorrad auftauchen, aber seine wirtschaftlichen Entscheidungen haben durchaus das Potenzial, Risiken einzugehen, die für manche wie ein gewagter Stunt erscheinen – nur, dass der Unfall am Ende die ganze Volkswirtschaft betrifft.

Während einige Kritiker ihn für seine oft zur Schau gestellte Unwissenheit in wirtschaftlichen Fragen belächeln, wird er von einem Teil seiner Wählerinnen dennoch bewundert. Vielleicht liegt hier der gleiche Mechanismus vor: Wie bei den "bösen Jungs" in der Popkultur scheint auch hier das Charisma die Realität zu überstrahlen. Es ist diese Mischung aus Unangepasstheit und einem Hauch von

Rebellion gegen das Establishment, die einen gewissen Reiz ausübt
– auch wenn das Ergebnis weniger romantisch ist, wenn Heizungs-
verbote oder Energiepreise die Schlagzeilen dominieren.

Die Faszination für Habeck zeigt also: Manchmal ist es weniger die
Kompetenz, sondern vielmehr die Inszenierung von Authentizität
und Charisma, die Menschen anzieht – selbst wenn der wirtschafts-
politische Kurs eher in Richtung Bauchlandung führt. Ein moderner
"bad boy", nur eben mit einem grünen Anstrich.

**Schlussgedanke: Charme im richtigen Kontext – Bitte nicht in der
Politik!**

Bad Boys mögen ja in Romanen und Netflix-Serien einen gewissen
Reiz haben – da kann man sich mit einem Glas Wein zurücklehnen
und genießen, wie sie sich durch ihre charmanten Katastrophen ma-
növrieren. Aber in der Politik? Danke, nein. Wir brauchen keine "Re-
bellen mit zerrissenen Wirtschaftsplänen" oder poetischen Schwaf-
lern, die bei Problemen nur lieb gucken können.

Ebenso wenig sollten Quoten allein darüber entscheiden, wer an ent-
scheidender Stelle Verantwortung trägt. Frauen, die mit Wissen, Erfahrung und Kompetenz überzeugen, beweisen längst, dass sie
„manns genug" sind, die Bühne souverän zu betreten – und sich dabei weder von "Bad Boys" noch von charmanten Schwätzern blenden lassen. Denn am Ende zählt eines: Politik ist kein RomCom-
Drehbuch. Da hilft es wenig, süß zu gucken oder ein rebellisches
Image zu pflegen. Was wir brauchen, sind echte Fachleute – unabhängig vom Geschlecht –, die mehr können, als mit Worten zu jonglieren. Das mögen Bad Boys und Quotenabenteurer jetzt uncool finden, aber hey, wir sind nicht in Wonderland.

Männer und Frauen: Gemeinsam stark – Ein Team für die Zukunft

In einer Welt, die zunehmend von Trennlinien und Konflikten geprägt ist, vergessen wir oft das Wesentliche: Wir sind nicht gegeneinander, sondern miteinander gemacht. Männer und Frauen sind füreinander geschaffen, um gemeinsam durch das Leben zu gehen, sich zu ergänzen und gemeinsam Großes zu erreichen. Es ist kein Zufall, dass in der Bibel immer wieder von der Einheit und Zusammenarbeit der Geschlechter die Rede ist. In **1. Mose 2,24** heißt es: „Darum wird ein Mann seinen Vater und seine Mutter verlassen und an seiner Frau hängen, und sie werden ein Fleisch sein." Hier wird das Prinzip des Miteinanders, der gegenseitigen Unterstützung und der Einheit betont. Ein Team, das sich gegenseitig stärkt und nicht in Konkurrenz tritt.

Echte Stärke liegt im Miteinander. **„Wo zwei oder drei in meinem Namen versammelt sind, da bin ich mitten unter ihnen"** (Matthäus 18,20). Diese Worte erinnern uns daran, dass echte Veränderungen nur dann geschehen können, wenn wir gemeinsam an einem Strang ziehen. Männer und Frauen, als Partner im Leben, schaffen eine stärkere, ausgeglichenere Gesellschaft, in der das Wohl jedes Einzelnen im Mittelpunkt steht.

Es gibt keine Konkurrenz zwischen den Geschlechtern, sondern eine wunderbare Ergänzung, die sowohl Männer als auch Frauen zu besseren Menschen macht. Warum sonst sollten wir uns als Team sehen? Besonders heute, in einer Zeit, in der so vieles im Umbruch ist, ist es wichtig, auf das zurückzublicken, was wirklich zählt: Die Weisheit und Erfahrung der älteren Generationen. Diese Generation, die trotz aller Herausforderungen und Rückschläge goldene oder sogar diamantene Hochzeiten gefeiert hat, zeigt uns, wie es geht. Sie haben nicht nur die Prinzipien der Liebe und des Zusammenhalts verstanden, sondern auch den Wert des Durchhaltens, des Respekts und der Treue.

„Eisen schärft Eisen, und ein Mann schärft das Angesicht eines anderen" (Sprüche 27,17). Diese Weisheit gilt genauso für Männer und Frauen. Sie erinnert uns daran, wie wir uns gegenseitig fördern und stärken können. Die älteren Generationen, die nach vielen Jahren des gemeinsamen Lebens ein starkes Fundament aus Vertrauen und Respekt aufgebaut haben, geben uns vor, wie wahre Partnerschaft aussieht. Ihr Wohlstand, den sie mit hartem Arbeiten und Liebe erschufen, ist heute die Grundlage des Wohlstandes, den viele in der modernen Gesellschaft gerne genießen – ohne den Wert harter Arbeit wirklich zu verstehen.

Leider gibt es heute eine Tendenz, diesen Wohlstand zu kritisieren, zu verteilen oder zu verspielen, ohne die Verantwortung und den Einsatz der älteren Generation zu erkennen. Wenn wir in einer Zeit leben, in der die **Generation Z** mit dem Finger auf das weist, was „ungerecht" ist, ohne zu begreifen, dass das, was sie kritisieren, das Resultat von Fleiß und Überzeugungen vergangener Jahre ist, dann verlieren wir etwas. Die Weisheit und Erfahrung, die die Alten uns vermitteln können, ist unvergleichlich und nicht zu ersetzen. Sie bringen uns bei, was es bedeutet, wirklich für etwas zu arbeiten und Verantwortung zu übernehmen.

Es ist schlichtweg schäbig, den älteren Menschen die Früchte ihrer Arbeit zu missgönnen und dabei selbst die Hand aufzuhalten, wenn Oma für ein kleines Geldgeschenk vorbeikommt. **„Hört auf, euren Eltern den Respekt zu entziehen"** (Epheser 6,2). Dieses Prinzip muss wieder mehr in den Mittelpunkt gerückt werden. Statt die Unterschiede zu betonen und auf der „richtigen" Seite der Geschichte zu stehen, sollten wir den Wert des gemeinsamen Lebens, des gegenseitigen Respekts und der Anerkennung erkennen.

Männer und Frauen – als Team – sollten nicht nur ein Traum bleiben, sondern eine Realität, die uns als Gesellschaft zu wahrer Größe führen kann. Nur durch Zusammenarbeit, durch das gegenseitige Unterstützen, durch die Kombination der Stärken und Weisheiten von beiden Seiten, können wir eine Zukunft aufbauen, die für alle von Bedeutung ist. Lasst uns von denjenigen lernen, die vor uns waren, und die Prinzipien der Liebe, des Respekts und der Verantwortung in unser eigenes Leben integrieren. Denn wahre Stärke entsteht nicht durch Trennung, sondern durch Einheit und einander stärken.

Zum Schluss möchte ich leider auf ein erschütterndes Ereignis hinweisen, das sich ereignete, während ich an diesem Buch schrieb.

Meine Gedanken sind bei den Opfern und ihren Angehörigen dieser schrecklichen Taten in **Solingen, Mannheim, Magdeburg und Aschaffenburg.**

Und wieder ein Attentat - Das schreckliche Geschehen in Aschaffenburg, bei dem ein zweijähriger Junge und ein mutiger Mann, der helfen wollte, durch einen Messerangriff ihr Leben verloren, erschüttert uns alle zutiefst. Es ist eine Tragödie, die nicht nur unermessliches Leid über die betroffenen Familien bringt, sondern auch Fragen aufwirft, die unsere Gesellschaft tief spalten und verunsichern.

Die Tatsache, dass diese schreckliche Tat von einem abgelehnten Asylbewerber aus Afghanistan begangen wurde, der längst hätte abgeschoben werden müssen, lässt viele Menschen mit Wut und Fassungslosigkeit zurück. Sie fragen sich, wie solche Versäumnisse in einem Rechtsstaat möglich sind. Doch statt sich auf die tatsächlichen Umstände und Versäumnisse zu konzentrieren, werden in der politischen Debatte häufig platte Erklärungen oder gar ideologisch gefärbte Schuldzuweisungen laut.

Die Aussage einer CDU-Abgeordneten, die diese grausame Tat wieder einmal pauschal auf „die Männer" reduziert, ist ein Zeichen, dass in Deutschland etwas gewaltig schief läuft. Eine solche Verengung der Diskussion verkennt die Komplexität des Problems und lenkt davon ab, was eigentlich notwendig wäre: die

Auseinandersetzung mit einem gescheiterten Asyl- und Abschiebesystem sowie die Frage, warum Prävention und Schutzmechanismen immer wieder versagen.

Ja, viele Taten dieser Art werden von Männern begangen, was auch darauf zurückzuführen ist, dass überwiegend Männer aus Ländern aufgenommen werden, in denen oft eine andere Sozialisation und ein anderer Umgang mit Gewalt vorherrschen. 2023 lag der Anteil männlicher Migranten mit rund 72 Prozent besonders hoch. Das bedeutet, dass deutlich mehr Männer als Frauen nach Deutschland kommen, was die soziale Dynamik und das Risiko gewaltsamer Konflikte zusätzlich beeinflussen kann.

Doch ebenso kritisch muss hinterfragt werden, inwieweit politische Entscheidungen, die unter dem Deckmantel der Humanität getroffen werden, zur Sicherheitslage in unserem Land beitragen. Verantwortliche Politikerinnen wie Merkel, von der Leyen, Faeser, Baerbock und andere haben eine Willkommenspolitik vertreten, die, wie man heute sieht, nicht von einer realistischen Bewertung der Folgen begleitet war und ist. Daher liegt die Verantwortung dieser Tragödien auch überwiegenden in ihren Händen. Behörden, Institutionen und Politik, und zwar ideologische Politik von FRAUEN gemacht, haben gleichermaßen versagt.

Was wir aus Vorfällen wie Aschaffenburg, Mannheim, Solingen oder Magdeburg lernen müssen, ist die Notwendigkeit einer klaren und konsequenten Politik, die Humanität und Sicherheit miteinander in Einklang bringt. Es geht nicht darum, pauschal gegen Migranten oder Männer zu argumentieren, sondern darum, dass geltende Gesetze eingehalten werden, dass abgelehnte Asylbewerber konsequent abgeschoben werden und dass die Sicherheitsbedenken der Bürger ernst genommen werden. Wir brauchen eine ehrliche und lösungsorientierte Debatte, die nicht in ideologischen Grabenkämpfen erstickt. Es geht um den Schutz von Menschenleben – und dieser Schutz darf niemals einer politischen Agenda untergeordnet werden.

„Die erste Pflicht der Politik ist es, das Wohl und die Sicherheit des eigenen Volkes zu wahren."

Zu oft vergessen Politikerinnen und Politiker, dass sie nicht Herrscher, sondern Diener des Volkes sein sollten."

"Wo immer die Macht im Spiel ist, droht die Gefahr des Missbrauchs – denn Macht neigt dazu, Korruption zu nähren, und absolute Macht korrumpiert absolut." – Lord Acton

Diese Attentate führen uns schmerzhaft vor Augen, wie die harte Realität feministische Ideologien und Wunschträume einholt. Die AfD hat bereits seit 2015 vor solchen Entwicklungen gewarnt, wurde dafür jedoch vielfach diffamiert. Fazit: Humanität ist wichtig und wertvoll, aber sie muss mit Verstand und Verantwortungsbewusstsein gelebt werden – und nicht auf Kosten unserer Kinder, meine Damen.

"Personen ohne Weitsicht und ohne die Bereitschaft, Verantwortung für ihr eigenes Versagen zu übernehmen, haben in der Politik keinen Platz."

Zum Schluss eine Anekdote aus meinem Leben: Vielleicht bringt sie etwas Licht ins Dunkel:

Es war einer dieser Tage, an denen man sich über *die wichtigen Dinge des Lebens* streitet – in diesem Fall darüber, wer die besseren Menschen seien, Männer oder Frauen. Mein Mann und ich waren tief in unserer Diskussion verstrickt. Argumente wurden ausgetauscht, die Lautstärke stieg, und es schien kein Ende in Sicht.

Unser fünfjähriger Sohn saß die ganze Zeit dabei und hörte mit einer Mischung aus Interesse und Verwunderung zu – immerhin diskutierten seine Eltern hier die Grundlagen der Menschheit! Nach einer Weile jedoch, offenbar der Überzeugung, dass wir alleine keine Lösung finden würden, beschloss er, das Heft in die Hand zu nehmen.

Mit der ganzen Autorität eines Fünfjährigen unterbrach er uns: „Hört endlich auf zu streiten!"

Wir schauten ihn an, verblüfft über seinen energischen Tonfall. Dann hob er einen Zeigefinger – wie ein kleiner Philosoph, der eine bahnbrechende Erkenntnis ankündigt.

„Männer sind Menschen", begann er feierlich.

Wir nickten, neugierig, wie es weitergehen würde.

„Und Frauen sind ...", er machte eine dramatische Pause, rollte bedeutungsvoll mit den Augen und holte tief Luft, als wollte er uns die universelle Wahrheit enthüllen, „... Frauen!"

Die Stille, die folgte, dauerte genau eine Sekunde – bevor wir beide in schallendes Gelächter ausbrachen. Denn wie konnte man gegen diese Logik noch argumentieren?

🗣️ **„Die Demokratie ist die Regierung des Volkes, durch das Volk, für das Volk."** – *Abraham Lincoln*

Warum Brandmauern „doof" sind:

„Brandmauern" in der Politik bedeuten, dass bestimmte Parteien oder Meinungen kategorisch ausgeschlossen werden, ohne inhaltliche Debatte. Das ist problematisch, weil:

1. **Demokratie lebt vom Austausch** – Meinungen sollten nicht ausgegrenzt, sondern argumentativ widerlegt werden.
2. **Spaltet die Gesellschaft** – Anstatt Lösungen zu finden, verhärten sich Fronten.
3. **Fehlende Kontrolle** – Wer entscheidet, welche Meinung „inakzeptabel" ist? Heute eine Partei, morgen vielleicht du!
4. **Kann nach hinten losgehen** – Wer sich ausgeschlossen fühlt, radikalisiert sich oft eher, als dass er seine Meinung ändert.

Eine starke Demokratie braucht keinen Schutz durch Denkverbote – sondern durch bessere Argumente. 💡

In diesem Sinne: Bleiben Sie stets demokratisch in Ihrem Handeln, bewahren Sie kritisches Denken und lassen Sie sich nicht das Denken abnehmen – bevor es andere für Sie tun.